世界与自我

西游记妖怪图典

有妖气

吕洋——绘

五色神石——著

北京联合出版公司
Beijing United Publishing Co.,Ltd.

图书在版编目（CIP）数据

有妖气 ： 西游记妖怪图典 / 五色神石著 ； 吕洋绘
. -- 北京 ： 北京联合出版公司， 2020.6
ISBN 978-7-5596-4134-2

Ⅰ. ①有… Ⅱ. ①五… ②吕… Ⅲ. ①鬼－文化－中国－图集 Ⅳ. ①B933-64

中国版本图书馆CIP数据核字（2020）第057311号

有妖气：西游记妖怪图典

作　　者：五色神石
绘　　者：吕　洋
责任编辑：刘　恒
特约编辑：陈胜伟
封面设计：返　祖

北京联合出版公司出版
（北京市西城区德外大街83号楼9层　100088）
北京联合天畅文化传播公司发行
北京美图印务有限公司印刷　新华书店经销
字数120千字　787毫米×1092毫米　1/16　13印张
2020年6月第1版　2020年6月第1次印刷
ISBN 978-7-5596-4134-2
定价：99.00元

序

在奇幻题材里，避谈妖怪是很可惜的。

中国神魔小说中构建的妖怪体系具备鲜明的特征，全然不同于西方的仙子精灵体系。通过了解诸如《指环王》《冰与火之歌》等一些西方奇幻作品，基本上可以看出，虽然东西方都是根据出身背景来划分族群的类别，但族群内部共有的基础特征是截然不同的。简单来说，在西方作品中，无论是精灵、矮人，还是巫师、恶龙，其群体延续的内部驱动力是使命感，这是一种先定的设置，可能来源于造物主的安排，例如，龙必然要积累财宝，矮人一定擅长制造工艺，几乎不会出现种族之间的跳跃。

可以说，西方奇幻中的种族设计，是一种不可相互转化的分工模式，每个种族都在扮演某种社会角色，彼此之间没有太明显的从属关系。即使存在高低贵贱的差别，处于低贱地位的种族也难以脱离自己本身的形态，加入处于高贵地位的种族。

但在中国的神魔小说中，整个神话世界与人类社会有着极高的相似度。作为文学作品的创造者，人类永远会把自己放在神话体系的中心位置——比人高一级的是神仙，比人低一等的是禽兽、植物，甚至是人类制造的物品。一般来说，人们会把地位低于人类的一众修炼者统称为妖怪。

这三个等级之间是流动的：通过修炼，人可以变成神仙，禽兽可以变成人，甚至进一步变成神仙；而神仙和人类犯了过错，也可能会被贬谪，通过六道轮回沦为凡人或畜生。因此可以说，没有永恒的贵贱。

当然，在上述三个等级内部，也存在明显的阶层序列，比如神仙里也有皇帝和小兵之分。而妖怪内部自然也分层级。有一类大妖怪，要么具备得天独厚的天资背景，要么拥有跌宕起伏的修炼过程。例如《西游记》里的主角孙悟空，作为天生的灵明石猴，如来佛祖亲口说这类猴子混迹于世间，不属于“天地神人鬼、蠃鳞毛羽昆”十类之种，而且“通变化，识天时，知地利，移星换斗”，可以说一出生就自带光环，属于得天独厚的那种。而修炼过程足够长，或者机缘巧合足够多的一类，比如《白蛇传》里的白素贞，作为修炼了一千年的蛇妖，上可登天界盗仙草，下能闯地府夺魂魄，也称得上是厉害的大妖怪。

此外还有一种情况，那就是与神仙们定下的天规天条相违背，或者被原本的神仙体系所抛弃的神，也会被称为妖怪。比如《西游记》里的猪八戒与沙和尚，他们一个是天蓬元帅，一个是卷帘大将，都因为触犯天规被贬下界，直接成了妖怪，直到后来再次被神仙体系所接纳。

当然，在大妖怪之外，自然还有许多小妖怪。

其实大量的志怪小说中记录的绝大多数都是小妖怪，他们虽有一些不同寻常的神异，却并不会给人带来大灾难，比如《聊斋志异》里被蛛网困住的细腰蜂，它被人解救之后，便投进墨砚，沾了墨汁，在纸上爬出一个“谢”字。而放到《西游记》这样大框架的故事之中，这些小妖怪往往只能扮演一些近于“乌合之众”的角色，被统称为“小的们”“孩儿们”。

他们当中的一部分也会被作者赋予名字。有时候，一个名字就撑起了对他的所有描述，只不过这名字常常带有一些诙谐的意味。比如：刁钻古怪、古怪刁钻，其实是两个特别憨厚的精灵。精细鬼、伶俐虫，其实名字的主人反而是笨笨的，没什么心计。巴山虎、倚海龙，听着名字吓人，其实就是爬山虎和小海马而已。急如火、快如风，名不副实，就是行动很不敏捷，像蜗牛和乌龟般的精灵。还有奔波儿灞与灞波儿奔，这贯口似的名号就像是作者刻意制造出的笑料一般。

这些名字或许与本尊不甚相符，但他们自己的愿望、追求的目标也因此显露出来。他们应当是一群非常努力成长的小家伙，本来只是遍地野生的昆虫鱼鸟，春生冬灭的普通草木，甚或是物件山石……一旦成了精，就迸发出了生命力，渴望群体，期待进步，甚至比人类更加上进，即使他们进步的方式在我们看来有些过于残忍，妖怪的生存之道本来也更趋近于动物世界。

总之，相比于无欲无求的神仙，妖怪们身上被投射的“人性”更为强烈，他们的自我意识很强，要花费人类十倍、百倍的时光，从一个普通的动植物向更高的阶层攀升，不断提高自己，不断挖掘潜能，不断挑战禁律……以实现让自己变得更好更高更强的理想，其实这很符合“主旋律”。

在如此“万类霜天竞自由”的格局下，我们可以注意到，每个妖怪的出场总是独树一帜、别具一格的，无论是大妖怪还是小妖怪，其模样形态、拿手本事可谓千奇百怪。就像《西游记》中提及的，有吟诗作赋的花精木魅，有贪恋美色的下凡神兽，有偷奸耍滑的办事小妖，也有一丝不苟的巡山小怪，种类繁多，着实精彩。

我一直认为，《西游记》里真正有趣、有性格的，正是这些迷人的“反面角色”。终于看到有人把他们成体系地制作成图册，让这些常常被忽略的妖怪有了详尽的面目和生平传记，实在是一件令人欣喜的事。

熊亮

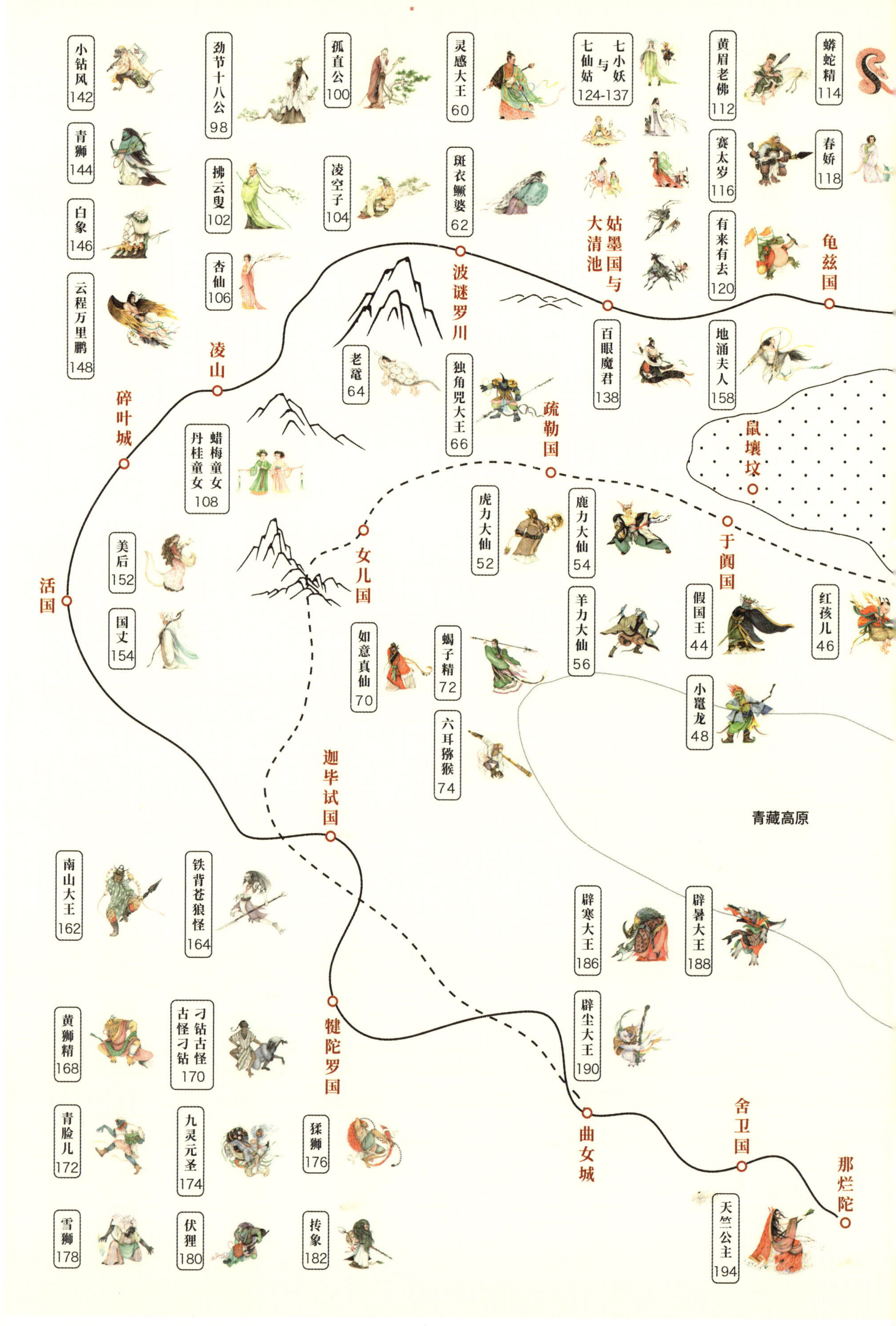
小钻风 142
青狮 144
白象 146
云程万里鹏 148
劲节十八公 98
拂云叟 102
杏仙 106
孤直公 100
凌空子 104
灵感大王 60
斑衣鳜婆 62
七小妖与七仙姑 124-137
黄眉老佛 112
赛太岁 116
有来有去 120
蟒蛇精 114
春娇 118
波谜罗川
姑墨国与大清池
龟兹国
凌山
碎叶城
老鼋 64
独角兕大王 66
百眼魔君 138
地涌夫人 158
疏勒国
鼠壤坟
蜡梅童女
丹桂童女 108
虎力大仙 52
鹿力大仙 54
于阗国
美后 152
国丈 154
女儿国
活国
羊力大仙 56
假国王 44
红孩儿 46
如意真仙 70
蝎子精 72
小鼍龙 48
六耳猕猴 74
迦毕试国
青藏高原
南山大王 162
铁背苍狼怪 164
辟寒大王 186
辟暑大王 188
黄狮精 168
刁钻古怪
古怪刁钻 170
犍陀罗国
辟尘大王 190
曲女城
舍卫国
青脸儿 172
九灵元圣 174
猱狮 176
那烂陀
雪狮 178
伏狸 180
抟象 182
天竺公主 194

目录

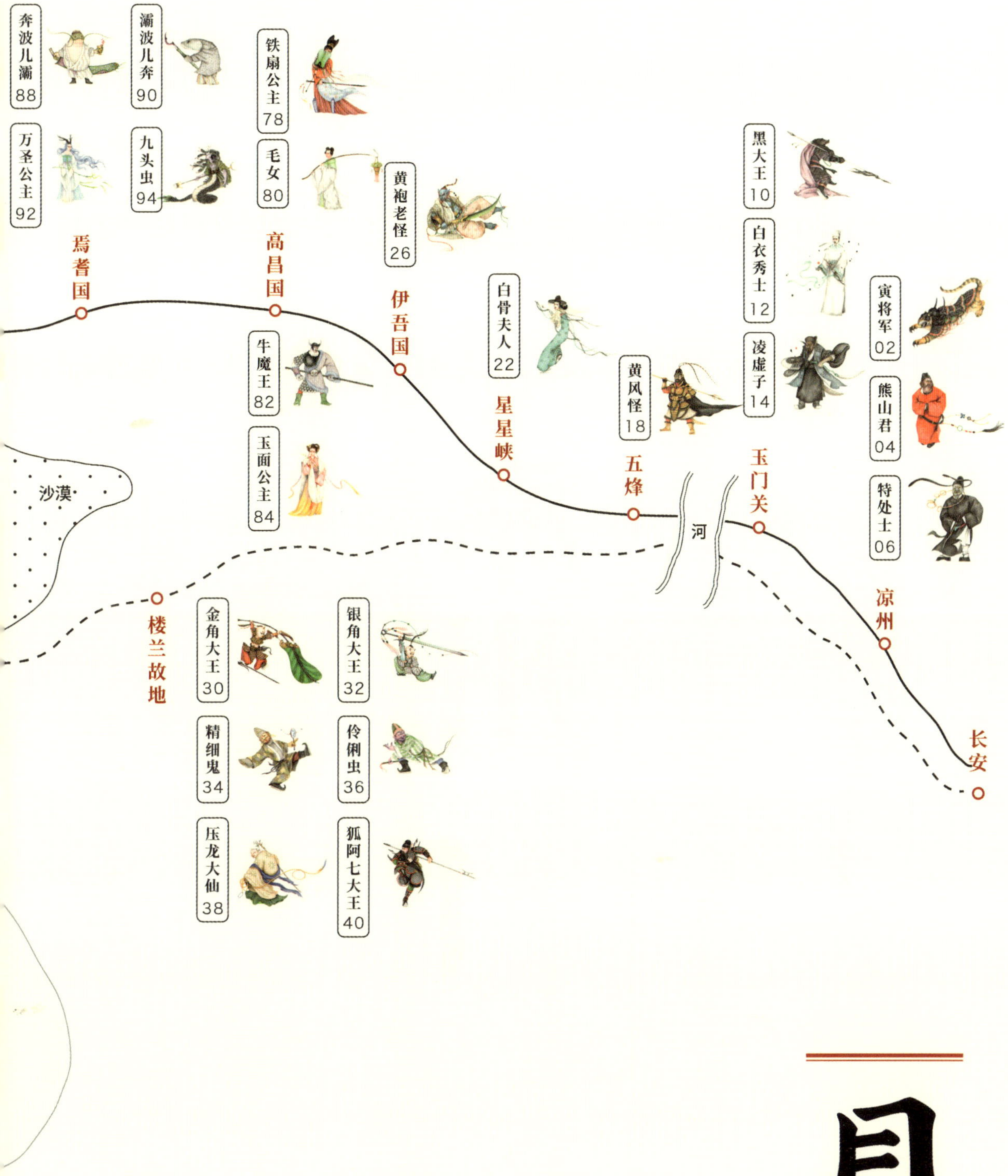

凉州

凉州词——王之涣

黄河远上白云间，
一片孤城万仞山。
羌笛何须怨杨柳，
春风不度玉门关。

据《三藏法师传》所载，历史上的玄奘法师幼年时便剃度为僧，十三岁就以博闻强识、悟性奇高而美名远播。二十岁时在成都受具足戒（佛门中比丘、比丘尼所持戒律），当蜀中的经论研读完毕后，开始周游四方，进行游学。在遍谒全国的佛法大师，且广泛吸收各家学说之后，他发现了众多佛经中存在的疑难、不合之处，发下宏愿，将西行求解。

在二十六岁那年，他终于起行。先经秦州，过兰州，碰上凉州送官马的使者，便跟随去往凉州。

凉州是河西的都府，连接着西蕃、葱右各国，是政治、经济重镇，聚集着各国商人。当时的大唐与突厥关系紧张，边防严格，明令禁止百姓出境入蕃。当时的凉州都督李大亮听闻有僧人将要西行，紧张得立即追查玄奘下落，意图逼迫他返回长安。

玄奘不得已夜行前往瓜州。

而《西游记》中的玄奘法师是由唐皇李世民派遣，由侍从护送离开大唐边境的河州卫（实际上唐代并无这一地名，河州卫为明代建制），可惜刚刚踏出国界，就遇到了妖怪，被劫持至洞府之中。

洞府

位于河州卫城外数十里的双叉岭。

外貌

雄威身凛凛，猛气貌堂堂。电目飞光艳，雷声振四方。

锯牙舒口外，凿齿露腮旁。锦绣围身体，文斑裹脊梁。

钢须稀见肉，钩爪利如霜。东海黄公惧，南山白额王。

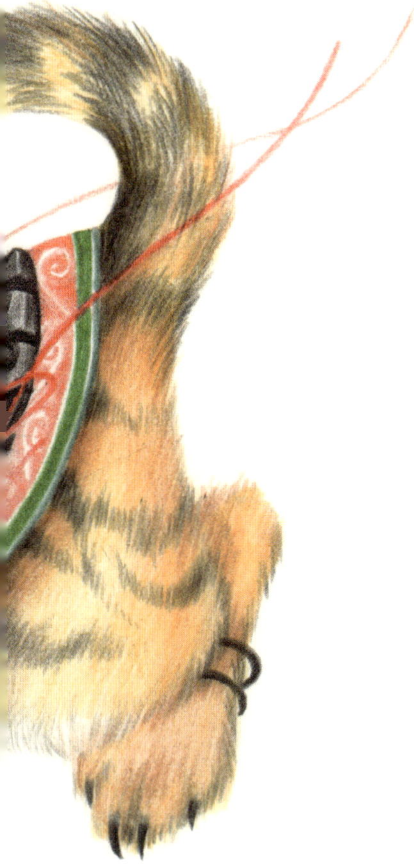

寅将军

一

◎出处 《西游记》第十三回

◎原形 白额老虎

故事梗概

寅将军是玄奘遇到的第一个妖怪。当时他与两个从者离开河州卫，走入峻岭之中，不期三人连马都跌进一处深坑，那正是寅将军的手下捉拿行人的陷阱。

在玄奘将被妖怪吞食前，寅将军的两个好友——熊山君与特处士来到，寅将军以玄奘的两位从者招待他们，而玄奘则眼看着自己的同伴被妖怪分吃，心胆俱裂。直到天亮时分，妖邪散去，只剩下玄奘被绑在原地。太白金星化作一位老翁，救了玄奘的性命，并将白马与行囊还给他，让他继续上路。

原形为老虎的妖怪在《西游记》中并不少见，既有寅将军这样的“大王”，也有黄风怪手下的虎先锋那种“小兵”。即使不是妖怪，仅仅作为拦路的猛兽出现也有两次，一次被守山的“太保”刘伯钦打死，另一次则遇见了刚刚脱出五行山的孙悟空，最终给他贡献了一条虎皮裙。

寅将军的名字来源于十二生肖与十二地支的对应，子鼠丑牛寅虎卯兔，因此“寅将军”便相当于“虎将军”。

外貌

雄豪多胆量，轻健夯身躯。涉水惟凶力，跑林逞怒威。
向来符吉梦，今独露英姿。绿树能攀折，知寒善谕时。
准灵惟显处，故此号山君。

熊山君

二

出处 《西游记》第十三回

原形 熊罴

故事梗概

熊山君是寅将军的好友，原文对他外貌的描写是“一条黑汉”，随后又用诗文，以近似谜语的形式，将他的原形特征描写出来，例如身体笨重，在山林中生活，擅长游泳、爬树等，而且对季节变化非常敏感，意味着他具有冬眠的习惯。“向来符吉梦”这一句则包含了一个典故，《诗经》中说：“吉梦维何？维熊维罴。”古人相信梦见熊罴是生男的预兆，因此这是一种“吉梦”。

除熊山君外，从观音禅院偷走袈裟的黑大王也是一只熊罴妖怪，但二者的区别很大。从黑大王与两位好友的座谈中可以看出他对修行的执迷，而且他与观音禅院的金池长老私交不错，从禅院中偷走袈裟还能堂而皇之地下请帖邀长老来参加佛衣会，实在“心大”。而熊山君在山中时吃素，做客时吃人，有些修行之士的潇洒，也不失山精妖物的凶残。而且玄奘遇见熊山君一众妖怪时，还没有收孙悟空为徒，于是我们也无从得知熊山君的武力和法术究竟如何。

特处士

三

出处 《西游记》第十三回

原形 野牛

故事梗概

与熊山君一样，特处士也是寅将军的朋友，三个妖王会像人类一样相互寒暄，甚至夸奖外貌气色来增进感情。

“特”字本义指公牛，而诗文中的“牯”“牸”也都是古代对牛的称呼。“处士”“山君”都有隐士的含义，这样的称号放在妖怪身上，别有一种化外修道人的感觉，但又带有足够的荒谬戏剧性。当寅将军问起好友近况时，熊山君说“守素”，特处士说“随时”，言语上贴近文人雅士，下一句却是问能否以人肉待客，可见无论原形是什么动物，当了妖怪后都是要吃人的。

外貌

嵯峨双角冠，端肃耸肩背。性服青衣稳，
蹄步多迟滞。宗名父作牯，原号母称牸。
能为田者功，因名特处士。

玉门关

从军行——王昌龄

青海长云暗雪山，
孤城遥望玉门关。
黄沙百战穿金甲，
不破楼兰终不还。

瓜州位于河西走廊的西端，在汉代曾隶属于敦煌郡，初唐时改称瓜州，是当时大唐西境的门户。从瓜州城出发，向北行五十余里，有一条瓠芦河，此河下宽上窄，水流湍急，深不可渡。河边有一城关，乃赫赫有名的玉门关。

隋唐时期的玉门关不同于汉武帝时设立的玉门关，前者位于敦煌东部的瓜州，后者则在敦煌西北部。玉门关因中原与西域盛大的玉石贸易而得名，并逐渐成为西北门户的代名词，令人一见便联想起沙漠、驼铃、绿洲等充满异域风情的意象。

玄奘在瓜州滞留的时间长达一个多月，因为他没办法通过玉门关离开国境。在他一筹莫展时，一位名叫石磐陀的胡人出现了。这名胡人请玄奘为他授戒，他拜玄奘为师，且愿冒着生命危险，将玄奘送出玉门关及关外驻军戍守的五烽。

这位石磐陀据说是孙悟空这个人物形象的原型之一。他是带领玄奘“偷渡”出大唐国界的人，也是玄奘的弟子，因此在玄奘完成取经壮举之后的岁月中，石磐陀也时常出现在佛教主题的壁画之中。胡人的面相古怪，毛发茂密，穿着打扮也不同于唐人，石磐陀在壁画中的形象便明显区别于玄奘的其他从者，显得像个穿着衣服的猿猴。随着时间流逝，这一形象被后人们逐渐演说丰富，添加了许多别的人物形象、传说故事，最终形成了美猴王孙悟空这个家喻户晓的角色。

外貌

碗子铁盔火漆光，乌金铠甲亮辉煌。皂罗袍罩风兜袖，黑绿丝绦亸穗长。手执黑缨枪一杆，足踏乌皮靴一双。

洞府

黑风山黑风洞。

兵器

黑缨枪。

黑大王

四

出处 《西游记》第十六回至第十七回

原形 黑熊

故事梗概

玄奘与孙悟空一行入住观音禅院，禅院的住持贪图玄奘的锦襕袈裟，指示众僧趁半夜放火，意图烧死师徒二人。谁知火势惊动了山中的妖怪黑大王，他偷走了袈裟，并要在自己生日这天，举办一个“佛衣会”庆祝。

孙悟空两次前来讨要袈裟，黑大王都能与他打个平手，孙悟空只能请来观音菩萨，用计谋收服黑大王。最终，黑大王皈依受戒，成了落伽山的守山大神。

从黑大王成神的结局可以看出，这个妖怪本身较为特殊。首先故事中并没有他伤人食人的描写，而且从他见到观音禅院失火时意图帮忙，以及下生日请帖给几位妖类好友和金池长老的行为可见，黑大王已经非常接近于“人”。他的贪欲着重于锦襕袈裟这样的佛宝，而不是吃人这样的口腹之欲，可以说是比较“高级”的妖怪了。

白衣秀士

五

◎出处　《西游记》第十七回

◎原形　白花蛇

故事梗概

在锦襕袈裟丢失后，孙悟空前往黑风山寻找，在山上的芳草坡前见到三个妖怪对坐着高谈阔论，说的是“立鼎安炉，抟砂炼汞；白雪黄芽，傍门外道”。这些都是方士所传的“仙方”，是指用铅、汞等物质炼丹，可见黑大王、凌虚子以及白衣秀士三人都是走“道教路线”的妖怪。但他们同时也尊崇佛衣，把锦襕袈裟视为值得聚众鉴赏的宝物，这种兼收并蓄的特点又像是民间信仰体系的做法。

孙悟空偷听到黑大王将要举办“佛衣会”，怒从心起，举棒来战。黑大王化风而逃，凌虚子驾云而走，只有白衣秀士来不及逃跑，被一棒打死，变回原形，还被提起来摔作五六段，可谓飞来横祸，死状凄惨。

凌虚子

六

出处　《西游记》第十七回

原形　苍狼

外貌

鹤氅仙风飒，飘飖欲步虚。苍颜松柏老，
秀色古今无。去去还无住，如如自有殊。
总来归一法，只是隔邪躯。

故事梗概

凌虚子也是黑大王的朋友，在芳草坡一起探讨“仙方”之后，黑大王邀请他来参加自己的生日宴会，于是凌虚子带上自己炼制的两粒仙丹作为寿礼，用一个玻璃盘托着拿在手中。谁知半路撞见了请来观音菩萨的孙悟空，凌虚子被当头一棒打死。随后孙悟空吃掉了一粒仙丹，变成仙丹置于盘中，观音则变化为凌虚子的模样，骗黑大王吃下悟空变化出的仙丹，以此计谋收服了黑大王。

故事中对凌虚子外貌的描写是在观音菩萨变化成凌虚子的样貌之后，以几句诗词的形式表现出来的。不难看出，除了观音自带的气质之外，凌虚子的模样也甚是仙风道骨、遗世独立，可见他作为黑大王的好友，修为也着实不低。

五烽

玉门山嶂几千重，
山北山南总是烽。
人依远戍须看火，
马踏深山不见踪。

从军行——王昌龄

玉门关外，还有五座烽火台，均有军队驻守。各烽之间相隔百里，其间绝无水草，只有连绵的沙丘，而五烽以外，是巨大的沙河——莫贺延碛，那是一片死亡之地。

石磐陀带着玄奘法师，先从一个胡人老者那里换来了一匹瘦弱的老红马。这匹马在伊吾国与瓜州之间往返已有十五次，熟悉路途且脚力强健。

他们连夜出发，在瓠芦河的上游砍树做桥，铺草垫沙，就这样悄悄渡过了瓠芦河，绕开了玉门关。

然而五烽之下才有水源，要想安全离开，必须趁夜前往烽火台下偷水。若是被守卫发现，必定是死路一条。石磐陀害怕了，甚至一度在玄奘法师睡觉的时候拔刀而起，似有异动。玄奘小心应对，最终打消了石磐陀的杀心，但他心有挂碍，不愿再继续西行。

法师向石磐陀发誓，绝对不会将石磐陀送他出玉门关的事情泄露。石磐陀相信了他，留下了老红马，自己则转身而去，只剩下玄奘孤身一人继续上路。

从五烽至伊吾国的路程，是玄奘一个人走过去的，其间的莫贺延碛戈壁更是最为凶险的一段。而在《西游记》的描写中，玄奘身边有神通广大的孙悟空保驾护航，不仅在鹰愁涧收服了小白龙，还绕道进入“乌斯藏”的地界，于云栈洞收了二徒弟猪八戒。

法宝

三昧神风：吹出黄风，天地变色。

兵器

三股钢叉。

洞府

黄风岭黄风洞。

黄风怪

◎出处　《西游记》第二十回至第二十一回

◎原形　黄毛貂鼠

七

故事梗概

唐僧带着悟空、八戒两个徒弟路经八百里黄风岭，遇见了黄风怪手下的虎先锋。这个虎先锋虽然是个小妖，却能够扒下自己的皮盖在山石上，使出“金蝉脱壳”的计策，骗过两个徒弟之后，杀了个回马枪，抓走了唐僧。

孙悟空找到妖怪洞府，砸门讨人，打死了虎先锋。黄风怪这才登场，与悟空大战三十回合，不分胜负。见悟空用毫毛变出一百多个分身，黄风怪也不示弱，往八卦中的巽位上吸了三口气，一下吹出一阵黄风，顿时山河变色、乾坤倒转。孙悟空被黄风眯了眼睛，泪流不止，遂败下阵来。

因眼痛不愈，悟空和八戒在一位老者家中借宿，这位老者解释了什么是“三昧神风”。这风“能吹天地暗，善刮鬼神愁。裂石崩崖恶，吹人命即休”。随后他用一种名为“三花九子膏”的药物，治好了悟空的眼睛。直到第二天早晨，师兄弟二人才发现房屋已经消失，昨日的老人乃护教伽蓝变化而来，专为暗中保护，照拂唐僧一行。

护教伽蓝、六丁六甲、五方揭谛、四值功曹，其实都来自佛道两教的术语，被民间传为多位护法神明。在《西游记》中曾多次出现，专门负责保护唐僧，却并不与路上的妖魔正面交锋。具备类似“及时雨”职能的还有太白金星，他在双叉岭便救了唐僧一次，在黄风岭又出现在悟空身边，化成一个老头儿，指引他灵吉菩萨的方位。

最终灵吉菩萨以定风丹和飞龙宝杖收服了黄风怪，并将他带回了灵山。

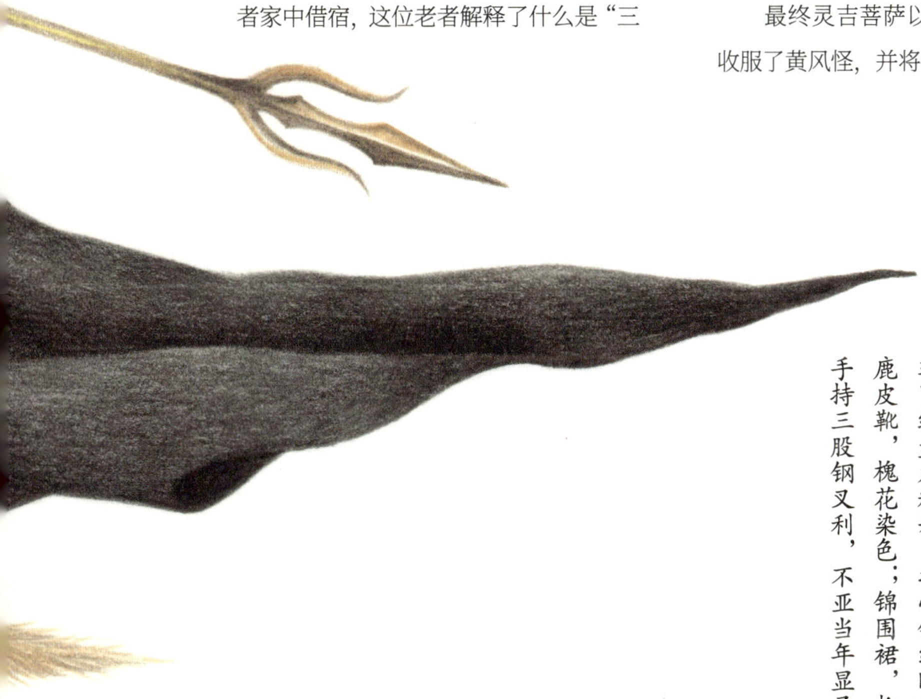

外貌

金盔晃日，金甲凝光。
盔上缨飘山雉尾，罗袍罩甲淡鹅黄。
勒甲绦盘龙耀彩，护心镜绕眼辉煌。
鹿皮靴，槐花染色；锦围裙，柳叶绒妆。
手持三股钢叉利，不亚当年显圣郎。

星星峡

碛中作——岑参

走马西来欲到天，
辞家见月两回圆。
今夜不知何处宿，
平沙万里绝人烟。

离开五烽的范围，就进入了莫贺延碛。

莫贺延碛别名沙河，上无飞鸟，下无走兽，复无水草，是一片长约八百里的沙漠。玄奘独自一人穿越这片沙漠，很快迷失了方向。

更糟糕的是，他不小心打翻了水囊，失去了所有的贮水。他在沙漠中跋涉了五天四夜，没有滴水沾唇，眼前出现无数诡异的幻象，几近倒毙于沙土之中。

最终，识途的老马找到了沙漠中的泉水，救了玄奘的性命。此后，玄奘又在莫贺延碛中走了整整两天，终于走出流沙，来到了星星峡。

星星峡是河西与西域的连接点，两侧尽是悬崖峭壁，夹着中间蜿蜒崎岖的山道，可谓是古代丝绸之路上的一座险关要塞。只要通过了星星峡，就进入了西域的范围。

莫贺延碛戈壁是流沙河的原型，只是被《西游记》的作者理解成了真正的河流，而且水流如同神话中昆仑山下的“弱水”，连鹅毛芦花这样轻微的物体都浮不起来。因此居住在流沙河中的沙和尚也就变成了水怪的形象。

这一段路上除了流沙河收沙僧事件，还有四圣试禅心的故事。四位神佛变化出庄园和母女四人，要招唐僧等人为婿，但唐僧心志坚定，通过了试验。这样的幻象考验属于八十一难之一，却没有妖怪参与其中，是通过挑动人心中的欲念，来考验他们的佛心是否坚定。这与玄奘被困莫贺延碛之中，满眼所见皆是内心幻化出的魑魅魍魉，最终依靠诵经定神而驱散幻象的劫难，有异曲同工之处。

根据《西游记》的故事脉络，自八戒所在的“乌斯藏”之后，唐僧一行便再没经行任何国家，而白龙马、黄风怪、沙和尚、四圣试禅心、五庄观镇元子、白骨夫人等情节都发生于荒山野岭之中，直到遇见奎星下凡的黄袍怪，才涉及另一个国家——宝象国。由此，我们或许可以推断出，宝象国实际对应的是玄奘在西域经过的第一个国家——伊吾国，而白骨夫人的故事正好发生在通往西域的关口——星星峡。

外貌

骷髅的脊柱上刻有『白骨夫人』四个字。

白骨夫人

八

出处　《西游记》第二十七回

原形　骷髅

故事梗概

三打白骨精的故事流传甚广，即使没有看过《西游记》原文的读者，也或多或少通过其他方式对其有所了解，例如儿歌、动画等等。

白骨夫人也被叫作“尸魔”，有变化外形的能力，先后变化成少女、老妪和老翁的形象，骗取唐僧师徒的信任，却被孙悟空的火眼金睛识破，惨遭三次棒打。虽然前两次都被白骨夫人以“解尸法”躲过，但最后一次，孙悟空召来了山神土地在半空照应，白骨夫人无从脱逃，被当头一棒打得粉身碎骨，现出了原形。

可是唐僧难以相信眼前所见的普通人是妖魔变化而来，加上猪八戒在旁故意挑拨，令他误会是孙悟空施展障眼法来掩盖真相，因此一气之下，将孙悟空逐出了师门。

幻化成普通人的形貌欺骗唐僧一行人是妖怪的惯用伎俩，在此后的旅程中，他们还会遇到各种各样的妖魔变化的道士、船夫、女子和幼儿。但在白骨夫人之前，唐僧遇到的妖怪都是坦坦荡荡以凶相示人的，只有天上的神佛才会变化成凡人，或是送来法宝丹药，或是救他性命于魔窟。也许正因如此，唐僧才会如此气愤地将孙悟空赶走。等见识了更多妖精的手段之后，唐僧也有了经验，便不再像这样冲动多疑。

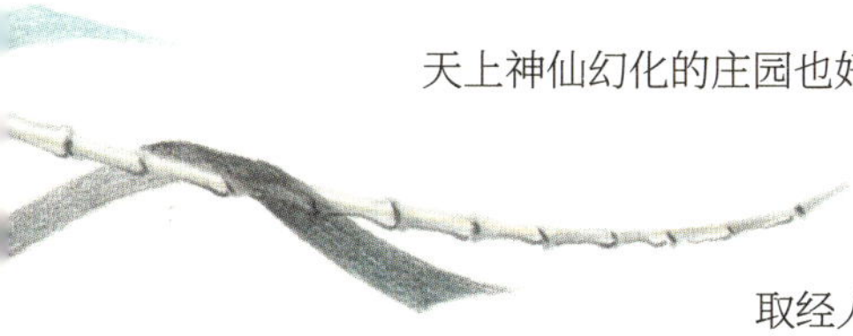

天上神仙幻化的庄园也好，白骨夫人变成的少女也罢，都是从外在遮蔽取经人的感知，考验其是否会执着于色相，即肉眼可感知到的事物，而忘却本心。

图中白骨夫人穿着唐代仕女的衣裙，戴着帷帽，容颜姣好，似是在风沙之地迷路的贵族女郎。然而，这些都是迷惑人的伪装，衣袖裙摆之下露出的森森白骨才是她的本相。

伊吾国

伊吾绝句——成书

玉关遗址已模糊，
谁识瓜沙旧版图。
欲旁天山寻地志，
不闻疏勒近伊吾。

伊吾国是玄奘进入西域后所经的第一个国家，位置在今日的新疆哈密。

伊吾国由十六国时期后西凉国的君主李宝建立，建国初期臣服于柔然。后来李宝归附于北魏政权，离开了伊吾国境，去往敦煌，柔然便册立了新的伊吾国王——高羔子。

到了隋朝初年，突厥控制了西域地区，伊吾也臣服于突厥。隋炀帝遣大将薛世雄发雄兵远征伊吾，伊吾不战而降，从此隋在伊吾国设置了伊吾郡和柔远镇。

唐代初期，伊吾国不再受到隋朝的监管，但因国力弱小，受制于突厥和邻国高昌。直到玄奘西行之后，贞观四年（公元 630 年）时，伊吾国的首领石万年率领国众归附于大唐。

公元 627 年，玄奘通过星星峡后，到达伊吾国境，寄宿于一座寺庙。寺庙中有三个汉僧听说有故乡之人来到，跣足奔出迎接，且号哭哽咽不止，玄奘法师也忍不住相对而泣。

随后伊吾王接见了玄奘。玄奘在伊吾国停留了十多天，本想从可汗浮图城（位于今新疆吉木萨尔县境内）取道前往印度，谁知高昌王派来使者，邀请玄奘会面。玄奘推辞不得，只好前往。

在《西游记》中，唐僧离开乌斯藏地界之后，经停的第一个国家是宝象国。这个国家的公主被妖怪掳走长达十三年，直到唐僧一行的来临才终于回到王宫，回归父母身边。在这个故事中，妖怪不似之前遇到的那样，都是地上之物成精，而是来自九天之上的神仙行列，可是他在人间占领洞府，掳劫公主，甚至杀生吃人，完全不像人们印象中慈悲高尚的仙家做派。或许是因为他作为二十八星宿之一的奎木狼，本质上仍旧是凶猛残暴的野兽吧。

黄袍老怪

出处　《西游记》第二十八回至第三十一回

原形　奎木狼

九

故事梗概

上回说到唐僧赶走了孙悟空，就此失去了一个得力助手。猪八戒外出化缘时只顾偷懒睡觉，沙和尚去寻他，倒让唐僧自己在林中乱走，误入了妖怪的洞府。

这个妖怪叫作黄袍怪，长得十分狰狞可怖，而且武艺高超，猪八戒和沙和尚二人合力也无法胜过他。就在他们于洞门前打得不可开交时，波月洞中却有一位女子私自放走了唐僧。这位女子名叫百花羞，是宝象国的三公主，她在十三年前的中秋佳节被一阵怪风掳走，从此成了妖魔的压寨夫人。她想念亲人，又不敢让黄袍怪知道，只好偷偷放走唐僧，让他前往宝象国，捎去一封家书。

宝象国国王看了女儿的家书，痛哭不止，请求唐僧的徒弟们救回公主。八戒和沙僧返回搦战，仍旧不敌。黄袍怪发现公主传书之事，知道唐僧身在宝象国，干脆变化成一个英伟的猎人模样，来到国王面前认亲，还用妖术将唐僧变成了一只老虎，污蔑他才是妖怪。然而在酒宴上，黄袍怪很快现出原形，还吃起了人肉。白龙马变化成人形刺杀不成，只好请求八戒去请大师兄。

猪八戒用激将法请来了孙悟空，黄袍怪果然不是他的对手，弃战而逃，跑进南天门不见了。原来黄袍怪是二十八星宿中的奎木狼，而百花羞公主前生是思凡下界的仙女，他们二人是前缘早订，而唐僧则是该有此劫。奎星归位之后，公主也终于回到了父母身边，悟空与师父之间的嫌隙也消解开来，取经一行人又能再次上路了。

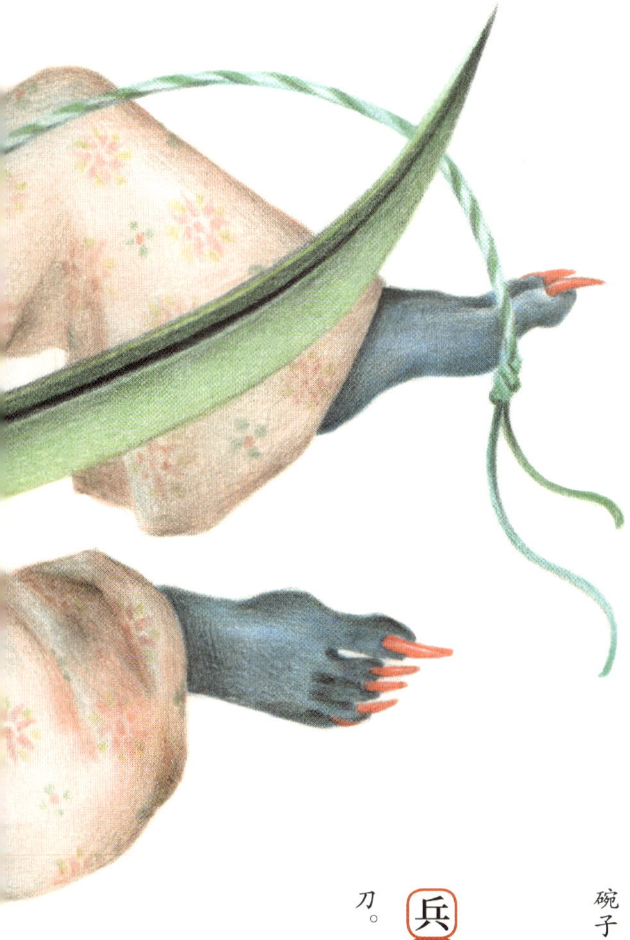

外貌

青脸红须赤发飘，黄金铠甲亮光饶。
裹肚衬腰磲石带，攀胸勒甲步云绦。
闲立山前风吼吼，闷游海外浪滔滔。
一双蓝靛焦筋手，执定追魂取命刀。
要知此物名和姓，声扬二字唤黄袍。

洞府

碗子山波月洞。

兵器

刀。

楼兰故地

塞下曲——李白

五月天山雪，无花只有寒。
笛中闻折柳，春色未曾看。
晓战随金鼓，宵眠抱玉鞍。
愿将腰下剑，直为斩楼兰。

据《三藏法师传》记载，玄奘到达伊吾国后，遇见了高昌王派到伊吾国的使者，使者回国禀告高昌王大唐僧人西行取经之事，高昌王随即再遣使者，挑选好马数十匹，在沿途设站迎候。

玄奘本欲取道可汗浮图城，然而推辞不了高昌王之请，只好随使团前往高昌国。其间虽未经过楼兰，但楼兰故地与高昌相距不远。

楼兰是西汉时西域三十六国之一，在《史记》和《汉书》中常有记载，但在东汉以后逐渐衰落，鲜少见诸典籍。在玄奘西行中的公元627年，楼兰已经消失在历史的洪流中。

而在玄奘法师返回祖国的旅程中，他曾路过纳缚波故国，那里曾属于楼兰的领域，位于塔克拉玛干沙漠东面。在此之前，他所经过的睹货逻故国和折摩驮那故国，虽有城郭屹立，但人烟早已灭绝。

唐僧师徒离开宝象国之后，再次进入荒郊野岭。有个路边的樵夫告诉他们，此处山中的妖怪画了通缉图形，指名道姓要抓唐僧，而且这妖怪身藏法宝，神通广大，意在提醒师徒早做提防。原来樵夫是日值功曹变化的，特来报信。

得了消息，孙悟空便派八戒前去探路。谁知道正好撞上银角大王带着小妖巡山，八戒寡不敌众，被小妖们一拥而上，捆手绑脚、抓鬃扯耳地抓进妖洞去了。

洞府

平顶山莲花洞。

法宝

七星剑：仙家兵器，坚不可摧。

芭蕉扇：一扇便能产生火焰，那火焰是五行中的灵光火，蔓延极快，水淹不灭。

紫金红葫芦：高叫对手姓名，一旦对方答应，立即被吸入葫芦之中，一时三刻化为脓水。

外貌

头上盔缨光焰焰，腰间带束彩霞鲜。
身穿铠甲龙鳞砌，上罩红袍烈火然。
圆眼睁开光掣电，钢须飘起乱飞烟。
七星宝剑轻提手，芭蕉扇子半遮肩。
行似流云离海岳，声如霹雳震山川。
威风凛凛欺天将，怒帅群妖出洞前。

金角大王

十

出处　《西游记》第三十二回至第三十五回

原形　太上老君座下看守炼丹金炉的童子

故事梗概

金银童子原本是看守金炉与银炉的童子，被观音菩萨借调，下凡变成妖魔，更名为“金角大王”与“银角大王”，占据洞府，成为唐僧西行路上的劫难。

起先金角大王并不出手，一切事务都交给兄弟银角大王以及手下的喽啰，直到孙行者、者行孙、行者孙三轮搦战，成功将银角大王装进了紫金葫芦，生死未卜，金角大王只好亲自点兵列阵，与孙悟空决斗。

武艺上，金角大王斗不过孙悟空，但能发挥人海战术的优势，利用洞府中的三百小妖，包围悟空一番混战。不防孙大圣吹出一把毫毛，变化出无数分身，立刻击溃了这些妖兵魔将。金角大王见大事不妙，先抽出了芭蕉扇，扇出满山火焰翻腾，烧得悟空躲进了莲花洞中。悟空待金角大王回来，趁他疲累难耐的时候，悄悄偷走了他的法宝，转头再战，金角大王不敌，逃往压龙山去了。

金角大王在压龙山集结妖兵，打算卷土重来，可他们的羊脂玉净瓶早就落在了孙悟空的手里。悟空趁其不备，大喊金角大王的名字，金角应声，立刻被装进了瓶子里。孙悟空就此收服了两个妖王，扫平了他们的洞府。太上老君突然驾临，直言两个妖王是他看守丹炉的童子，由观音菩萨安排在此，如今任务完成，他便带着两个童儿和法宝回天界去了。

外貌

头戴凤盔欺腊雪，身披战甲幌镔铁。
腰间带是蟒龙筋，粉皮靴鞠梅花摺。
颜如灌口活真君，貌比巨灵无二别。
七星宝剑手中擎，怒气冲霄威烈烈。

洞府

平顶山莲花洞。

法宝

七星剑：仙家兵器，坚不可摧。

羊脂玉净瓶：用法与紫金红葫芦相同，高叫对手姓名，一旦对方答应，立即被吸入瓶中，一时三刻化为脓水。

十一 银角大王

◎出处　《西游记》第三十二回至第三十五回

◎原形　太上老君座下看守炼丹银炉的童子

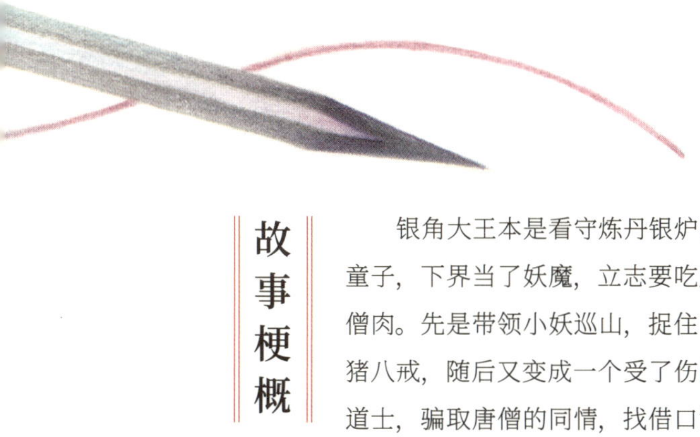

故事梗概

银角大王本是看守炼丹银炉的童子，下界当了妖魔，立志要吃唐僧肉。先是带领小妖巡山，捉住了猪八戒，随后又变成一个受了伤的道士，骗取唐僧的同情，找借口让孙悟空驮着他，并趁机施展移山之法，用几座大山压住悟空，随后脱身抓走了唐僧与沙和尚。

本以为一切顺利，便想偷个懒，吩咐自家的小妖带着法宝去收孙悟空，不承想反而被孙悟空骗走了法宝，只好再差遣别的小妖去请压龙洞里的老母亲带着幌金绳前来助阵。然而请来的不是压龙大仙，却是乔装变化而来的孙行者。识破伪装之后，又是几番大战，悟空屡次被擒拿，却又总能逃出生天，换个姓名再来挑战，终于换走了妖怪的法宝紫金红葫芦，反过来将银角大王装了进去。

精细鬼

◎出处 《西游记》第三十三回至第三十四回

◎原形 蛤蟆

十二

洞府 平顶山莲花洞。

故事梗概

精细鬼和伶俐虫都是莲花洞里的小妖怪，修为短浅，智商也不高。他们奉命带着大王的两件法宝——紫金红葫芦和羊脂玉净瓶，前去收服压在山下的孙悟空。谁知孙悟空早就召来山神土地移开大山，重获自由，而且变成一个老神仙坐在路边等着他们。

虽然我们并不知道要收一个孙悟空为何要出动两件法宝，但这两个小妖非常实诚，把自己的任务、法宝的用途交代得明明白白，还有心攀比起来，夸耀他们的葫芦与净瓶可以装一千个人。孙悟空不以为意，直言自己变出来的葫芦可以装天。这下挑起了两个小妖的好奇和贪念，要悟空当场演示装天，若真能如此，情愿用两件宝物交换。

洞府

平顶山莲花洞。

伶俐虫

十三

◎出处 《西游记》第三十三回至第三十四回

◎原形 老鼠

故事梗概

话说两个小妖要求孙悟空展示装天葫芦的本领，可天是一团清气，如何装得？悟空元神出窍，上到凌霄宝殿玉帝面前，请求神仙的帮助。哪吒太子想出一个办法，借来真武大帝的皂雕旗铺开，遮住了日月星辰，使得天地无光，漆黑一片，果真骗过了他们。

交换宝贝之后，两小妖大觉新奇，争着看了一会儿，抬头却不见了刚才的老神仙。伶俐虫还是比精细鬼聪明一些，很快反应过来他们被孙悟空欺骗了。果然，毫毛变的葫芦消失不见，他们不仅没能完成大王交代的任务，还弄丢了两件法宝，只好哭哭啼啼回到洞府，向金角银角二位哭诉。他们想不到的是，孙悟空已经变作一只苍蝇，藏在他们身上，一路跟进了妖洞中。

外貌

雪鬓蓬松，星光晃亮。
脸皮红润皱纹多，牙齿稀疏神气壮。
貌似菊残霜里色，形如松老雨余颜。
头缠白练攒丝帕，耳坠黄金嵌宝环。

洞府

压龙山压龙洞。

法宝

幌金绳。

压龙大仙

十四

出处 《西游记》第三十四回

原形 九尾狐狸

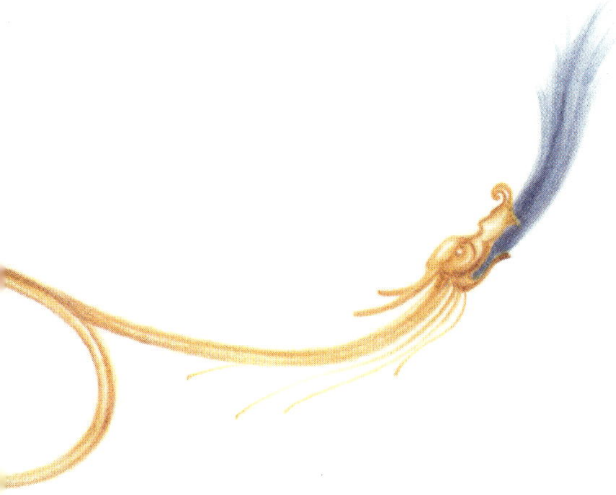

故事梗概

压龙洞中的九尾老狐不知怎么成了金角、银角二妖王的母亲，她手中的法宝幌金绳本是太上老君系袍子的绳带，可以无限分身，瞬间绑住敌人。

得知法宝被孙悟空骗走后，金角、银角便差小妖去请母亲，正好被藏身妖洞的孙悟空听见。于是他暗中跟随，在路上打死小妖，冒名顶替，上门求见压龙大仙，还着实委屈地跪拜行礼。等见了压龙大仙的形貌，又在半路打杀了她和随行小妖，变作老妖的模样，去骗金角和银角。

描写压龙大仙的笔墨实在不多，她的重头戏都落在了变成她模样的孙悟空身上，但从她出门的阵仗也能感觉到日常的讲究。她坐的是香藤轿，挂着青绢帷幔，前后簇拥着几个侍女，为她捧着减妆（梳妆匣子）、手巾、镜架、香盒，前有开路的、抬轿的，好不热闹。反而是压龙大仙自己不耐烦，觉得既然是去看望自家人，没必要如此烦琐，便打发了侍从们回去，只留下抬轿的小妖，这也给了孙悟空中途替换的机会。

兵器

方天戟。

洞府

压龙山后山。

外貌

玉面长髯，钢眉刀耳，头戴金炼盔，身穿锁子甲，手执方天戟。

十五 狐阿七大王

出处 《西游记》第三十五回

原形 狐狸

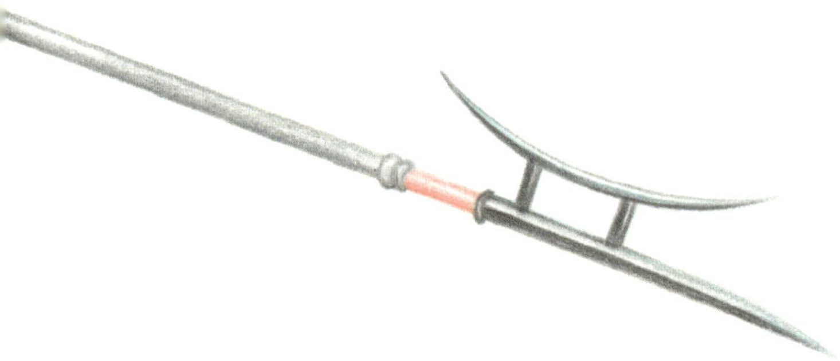

故事梗概

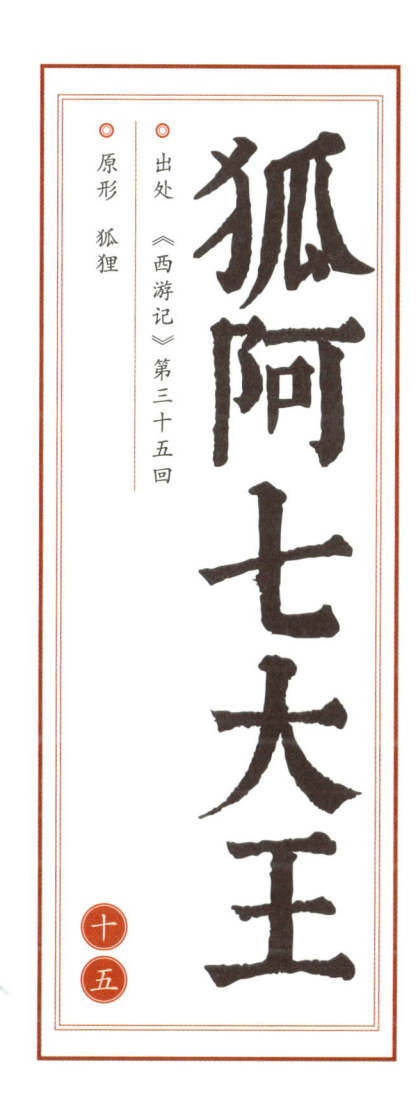

狐阿七大王住在压龙山的后山，乃压龙大仙的弟弟，按辈分算，金角和银角得喊他一声老舅。

他在后山听说姐姐的死讯，又见金角大王败走，投奔到压龙山，气得怒发冲冠，穿了一身孝服，带领洞中的大小妖怪，就要找孙悟空报仇。可惜他只是普通的狐狸成精，虽然外表威猛如关公一般，功夫却稀松平常得很，又没有什么稀奇法宝可倚仗，没几下便被八戒用钉耙打倒，一命呜呼。

金角、银角是天上的神仙下界，观音菩萨特意安排他们在此成就八十一难的其中之一，他们完成使命之后，又有太上老君护着，带回兜率宫去了。可是地上两只不知如何与他们攀了亲的狐狸稀里糊涂地送了性命，看起来多多少少有些冤枉。

倘若狐阿七大王真的生活在楼兰故地这片已经被风沙侵蚀的荒漠地带，那么他说不定会是一只适应沙漠气候的阔耳狐哦。

于阗国

和阗——褚延璋

毗沙府号古于阗，葱岭千盘积翠连。
大乘西来留法显，重源东下问张骞。
渔人秋采河边玉，战马春耕陇上田。
今日六城歌舞地，唐家风雨汉家烟。

于阗同样是著名的西域国家，国名最早见于《史记》，而在《大唐西域记》当中，玄奘将其称为瞿萨旦那国。

他笔下的瞿萨旦那国方圆四千多里，一半以上的国土是沙碛，耕地稀少，但能出产各种水果。这里的人笃信佛法，崇尚音乐，善于歌舞，性情温和有礼，而又热情奔放。

关于这个国家的建立，有一段神奇的传说。从前这里是一片空旷之地，只有毗沙门天在此居留。后来阿育王的太子被人陷害，惨遭剜目之刑，阿育王迁怒于众臣，将他们举族流放到雪山以北的荒野中。这些人逐水草而迁徙，到了瞿萨旦那国的西界，推选出一位国王。

同时，有一位东土的王子也被流放到此，自立为王，占领了瞿萨旦那国的东界。东西双方发生争执，随后展开大战，最终东界的君王获得胜利，吸纳了西界的臣民，融合成新的国家。这就是瞿萨旦那国的来历。

虽然于阗是丝绸之路南道的大国，但玄奘在前往取经的途中并没有经过于阗，而是在返程的路上，在于阗居住了七八个月之久，为于阗王和国内的僧侣们讲经说法，直到长安传来了唐皇的回信。

《西游记》中，唐僧一行人到达乌鸡国之前，先在宝林禅寺中借宿。这座禅院有近三百间房屋、五百多个僧人，足见其规模之大，对应举国信仰佛教的于阗十分合适。

晚间唐僧望月而叹，吟诗作赋以抒发思乡之情，颇有些世家儒生的风范，也与他的家室出身比较吻合，毕竟历史上的玄奘并不是襁褓之中便顺流漂来的江流儿，而是生于书香门第。他的先祖在汉代为太丘长，曾祖在北魏做过上党太守，祖父则是北齐的国子博士，封有食邑，因此玄奘完全称得上是名门之后。

在小说故事里，唐僧的三个徒弟不懂得吟诗作赋，也不理解望月为何会起乡情，玩笑一阵后自去睡觉。只留唐僧一个在灯下念经，神思恍惚之中，突然一个水鬼现身，指着四十里外的乌鸡国，有大冤屈要向他申诉……

假国王

◎出处　《西游记》第三十七回至第三十九回

◎原形　青狮

十六

外貌

眼似琉璃盏，头若炼炒缸。
浑身三伏靛，四爪九秋霜。
搭拉两个耳，一尾扫帚长。
青毛生锐气，红眼放金光。
匾牙排玉板，圆须挺硬枪。
镜里观真像，原是文殊一个狮猁王。

故事梗概

这是文殊菩萨的坐骑——青狮在《西游记》中第一次化身妖魔，为唐僧的八十一难添砖加瓦。在狮驼国的章节中，他还会再次出场。

五年前，青狮趁着乌鸡国大旱，变化成一个道士，来帮助国王求雨。国王见他果然能够呼风唤雨、点石成金，救万民于水火，便视他为股肱重臣，对他信赖有加，以至于称兄道弟、形影不离。谁知两年后，青狮将国王骗到花园的一口井边，突然将他推下，并封住了井盖，在上面移植了一棵芭蕉。

从此以后，青狮变成国王的模样，占据了朝堂上的王位。真国王的肉身虽被淹死，却由井龙王保住不腐，魂魄则找到唐僧求助，终于在沉冤三年后得以复生。同时，孙悟空化身为盒中小人“立帝货”，将假国王之事通知了太子和王后。在太子的帮助下，悟空带着重生的真国王穿城入宫，在金殿上揭破了假国王的身份。

青狮见事情败露，跳往空中试图逃跑，却被孙悟空追上，一番厮杀。青狮不是孙悟空的对手，干脆一头扎下云端，冲进人群里，变成唐僧的模样，叫他分辨不出，无从下手。这时八戒出了个好主意，让两个“师父”同时念紧箍咒，胡乱哼哼凑数的就是妖怪，果然揪出了假唐僧。

最后，文殊菩萨现身调停，原来是他与乌鸡国王曾有恩怨。文殊菩萨曾经变成凡僧来度国王，言语中惹怒了国王，被国王下令捆在御水河中浸泡三天，而青狮推国王落井水浸三年，正是文殊菩萨给他的惩罚。

外貌

面如傅粉三分白，唇若涂朱一表才。
鬓挽青云欺靛染，眉分新月似刀裁。
战裙巧绣盘龙凤，形比哪吒更富胎。
双手绰枪威凛冽，祥光护体出门来。
哏声响若春雷吼，暴眼明如掣电乖。
要识此魔真姓氏，名扬千古唤红孩。

洞府

枯松涧火云洞。

法宝

三昧真火：于火焰山炼成。
金木水火土五辆小车。

兵器

火尖枪。

十七 红孩儿

◎出处 《西游记》第四十回至第四十二回

◎原形 牛魔王与铁扇公主之子

故事梗概

离开了乌鸡国，师徒一行进入了钻头山的地界。先有一团红云腾起，随后见到一个被吊在树梢上的小孩，自言被强盗打劫了庄院，求唐僧搭救。唐僧心软，赶紧让徒弟解开绳索，还令悟空背着他走，结果在半路上便刮起一阵怪风，将唐僧掳走了。

原来这个妖怪是牛魔王和铁扇公主的儿子，名叫红孩儿，号称圣婴大王。孙悟空与牛魔王是结义兄弟，这样一算，红孩儿就是他的侄儿。孙悟空心想，不如前去认个亲，领回师父就罢了。可是红孩儿才不认这个叔叔，举枪便刺，还喷出三昧真火，烧得猪八戒抱头而逃。这三昧真火非比寻常，龙王降下倾盆大雨也无法浇灭，而且滚滚浓烟更加厉害，熏得孙大圣也只能退避三舍。

龙王降不住，只好去请观音菩萨。谁知红孩儿早在空中看见猪八戒往南去了，立即猜出他们的意图，于是自己变成观音模样，坐在路边守株待兔，就此擒住了八戒。孙悟空为了救人，变成牛魔王的形貌，打算以其人之道还治其人之身。过去他变成妖怪的亲近之人，从未被妖怪自行识穿，可红孩儿到底聪明，很快发现不对，用一个生辰时刻的问题就试出了真假。

这一番来往，孙悟空实在没讨到什么便宜，只能亲自前往南海，找观音菩萨来救场。菩萨在净瓶中准备了一海之水，又命惠岸行者（木吒）向其父托塔天王借来三十六把天罡刀，化作一座千叶莲台，这才动身。

净瓶中的海水淹没妖洞，千叶莲台则诱敌自投罗网，即使小妖魔野性难驯，也被五个金箍儿套住头顶和手足，限制了他的行动。此战一败后，再也没有火云洞的圣婴大王，只有菩萨身边的善财童子了。

武器

竹节钢鞭。

洞府

黑水河神府。

外貌

方面圆睛霞彩亮，卷唇巨口血盆红。
几根铁线稀髯摆，两鬓朱砂乱发蓬。
形似显灵真太岁，貌如发怒狠雷公。
身披铁甲团花灿，头戴金盔嵌宝浓。
竹节钢鞭提手内，行时滚滚拽狂风。
生来本是波中物，脱去原流变化凶。
要问妖邪真姓字，前身唤做小鼍龙。

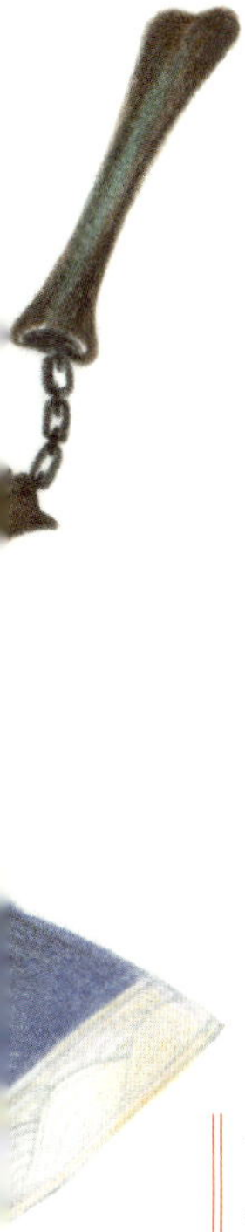

小鼍龙

十八

◎出处 《西游记》第四十三回

◎原形 鳄鱼

故事梗概

出了火云洞，转眼就到了黑水河边。这条河宽阔汹涌，水如墨色，岸边的渡船与摆渡人都是妖魔设下的障眼法，出其不意间就抓走了坐船的唐僧和八戒。沙和尚水性较好，一个猛子扎进水底，找到了一处洞府，牌匾上写着“衡阳峪黑水河神府”。

据原先的黑水河河神所讲，住在神府里的妖怪是一条鼍龙，趁着大潮进了黑水河，占府为王，而西海龙王是他的舅舅，因此河神无处申冤。孙悟空带着小鼍龙发出的请帖去见西海龙王，龙王吓得魂飞魄散，连忙撇清关系。原来小鼍龙是泾河龙王的小儿子，因为泾河龙王与袁守诚斗法，犯了天条，被魏徵斩杀于梦中，故而小鼍龙随母亲住在西海，母亲病故之后又迁居到黑水河。龙王本意是让他修身养性，谁知道他年轻无知，胆大妄为。

西海龙王派摩昂太子带领兵将杀到黑水河，质问小鼍龙。然而小鼍龙知错不改，六亲不认，摩昂太子只好与他刀剑相向。二人大战一番，最终是摩昂技高一筹，打败鼍龙。众兵将一拥而上，把他捆绑起来，穿了琵琶骨，押解上岸。

正如西海龙王所说，龙生九子，各不相同。小鼍龙的八个哥哥或是镇守山川，或是司掌神器，唯有他惹是生非，堕入妖魔道中。也许从他的名字可以窥见缘由，毕竟“鼍”本为鳄鱼，虽在民间有“泥龙”的称号，但始终不是真正的神龙。

疏勒国

发临洮将赴北庭留别——岑参

闻说轮台路，连年见雪飞。
春风曾不到，汉使亦应稀。
白草通疏勒，青山过武威。
勤王敢道远，私向梦中归。

疏勒国是汉代时的西域三十六国之一，与龟兹相邻。在《大唐西域记》中，它被写作佉沙国或室利讫栗多底国。玄奘认为疏勒是其国王都的名称，而非国名。

玄奘在回程中踏入过佉沙国，并未停留多久，而他对此地的描述也鲜有赞美之词。他写到，这里的人相貌粗陋，性格粗犷暴躁，时常玩弄诡诈的伎俩，轻视礼义、学识和技艺。当地有一种习俗，用木板将初生男孩的头夹住捆起来，以此来塑造他们的头形。居民们多有文身的习惯，眼睛是绿色的，使用印度的文字，虽然笃信佛法，却勤于求取福德，僧徒致力于背诵佛典文句，却并不深入探讨其中的道理。

实际上，历史上的疏勒国经历了数百年的坎坷。在汉代张骞打通西域之后，疏勒国一直与中原保持着友好往来，却在历史的长河中遭受了匈奴、龟兹、焉耆、柔然、突厥等势力的侵袭或控制。东汉的班超曾经驻守疏勒二十多年，平定了西域的战乱。此后疏勒国一直对中原王朝较为亲近，后在唐代成为安西四镇之一。

另外，疏勒也是传播佛教的一个中心国家，佛教从印度经由西域进入中原的过程中，疏勒国就是其中的第一站。

《西游记》中，唐僧师徒在渡过黑水河以后一路西行，来到了车迟国。这是一个崇道灭佛的国家，所有的僧人都被抓起来做苦力，而道士们却受到供养，威风八面，肆意打骂和尚。孙悟空路见不平，打了监工的道士，放走了五百个和尚。僧人们将原委告知，原来此前有三个“仙长”从天而降，解救了车迟国的大旱，举国之民感念至深，而将庙门内念经求雨的和尚视为无用之辈。于是国王与那三位仙长结了亲，将他们拜为国师，和尚们则被贬为奴隶，受到各种虐待。

然而冥冥之中，似乎有神仙暗中护住了幸存的五百个和尚，让他们不得求死，也没有灾病，只等着西行之人的到来。

法术

五雷法：发文书，烧文檄，可惊动玉帝下旨，令风雨雷电、土地等神仙听令。

十九

虎力大仙

出处 《西游记》第四十四回至第四十六回

原形 黄毛虎

故事梗概

虎力大仙、鹿力大仙和羊力大仙本是方外修道的妖精，有呼风唤雨、指水为油、点石成金的本领，可以“夺天地之造化，换星斗之玄微”。

二十年前，他们来到车迟国。当时，车迟国正逢大旱，民不聊生，是虎力大仙等三人登台求雨，这才解救了百姓。于是车迟国国王将他们三个拜为国师，举国供奉道士，同时拆毁寺庙，奴役僧人，只留下一座先王敕建的智渊寺幸免于难。

唐僧师徒四人入城的时候，孙悟空先行探路，就此放走了被奴役的五百个和尚，还打死了两个小道士。夜间，他带着八戒和沙僧潜入道观，推倒三清塑像，偷吃供品，还假冒三清显灵，用便溺冒充圣水，狠狠整治了虎力大仙等三人，从此结下了梁子。

虎力大仙报仇心切，提出要与东土大唐来的高僧斗法。第一场赌胜求雨，虎力大仙率先登台作法。他招来了五方蛮雷使者、风婆婆、巽二郎、推云童子、布雾郎君、雷公、电母还有四海龙王，本该一令风来，二令云起，三令雷响，四令雨至，五令雨止。然而孙悟空元神出窍，跳到云端喝止了这些神官，让虎力大仙的五雷法彻底失效，反倒是唐僧念经的时候下了雨，四海龙王也在悟空的召唤下现身。

国王见识了东土和尚的本事，本想赶紧在通关文牒上盖印了事，但虎力大仙不服气，要再比一轮高台坐禅。鹿力大仙本想暗中助自己师兄一臂之力，变出个臭虫去叮咬唐僧，谁知被孙悟空发现，捻去了臭虫。孙悟空摇身变作一条蜈蚣，叮得虎力大仙翻下高台，摔了个七荤八素。

鹿力大仙为了给虎力大仙报仇，又要求比试“隔板猜枚”，却也输给了唐僧师徒。虎力大仙不肯善罢甘休，不听国王劝阻，执意要赌上性命再次比试，比试的内容是砍头、剖腹、下油锅。孙悟空接下挑战，与虎力大仙比砍头再生。虎力大仙暗中调动土地神，拽住悟空的断头，令它不能回到身体上。谁知悟空神通广大，又凭空长出一颗头来。轮到虎力大仙砍头时，孙悟空吹出一根毫毛，变成一条黄狗，叼起了虎力大仙的头，扔进河里。虎力大仙召不回头颅，就此一命呜呼，变成了一只无头的黄毛老虎。

鹿力大仙

二十

出处 《西游记》第四十四回至第四十六回

原形 白毛角鹿

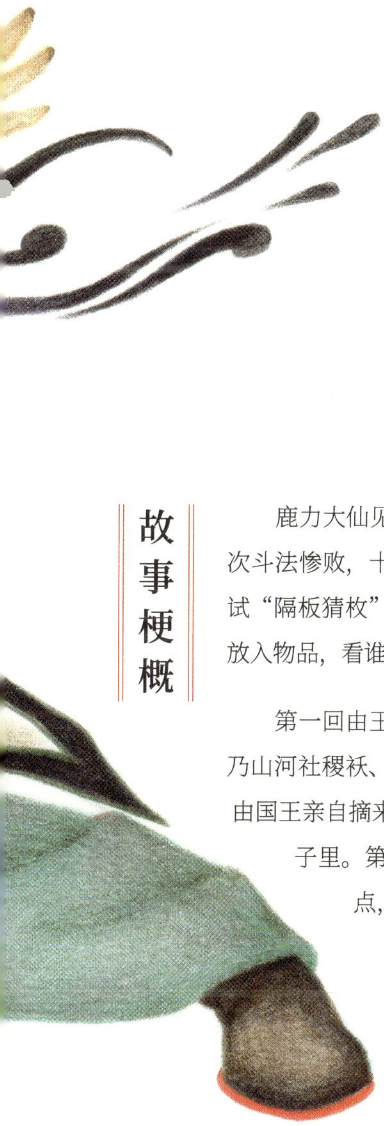

故事梗概

鹿力大仙见虎力大仙与唐僧师徒两次斗法惨败，十分不忿，要求与他们比试“隔板猜枚”，即在一个朱漆木柜中放入物品，看谁能猜出。

第一回由王后亲自放入一套衣裙，乃山河社稷袄、乾坤地理裙。第二回则由国王亲自摘来御花园的鲜桃，摆在柜子里。第三回是虎力大仙亲自指点，在柜内藏入一个小道童。可惜孙悟空能变成细小的蟭蟟虫，飞到木柜内，把袄和裙变成破烂的一口钟（一种和尚的服饰），把鲜桃吃剩为桃核，连那个小道童也被剃头改装为小和尚了。隔板猜枚的结果仍旧是唐僧师徒获胜。

因虎力大仙不忿，定下了砍头、剖腹、下油锅的比试，但第一关砍头就让虎力大仙丧了性命。第二关由鹿力大仙上场，他见孙悟空率先剖开肚皮，把肚肠脏器一一整理，然后吹口仙气，肚皮依然能长合，完好如初。鹿力大仙自认本事不输于人，也昂然剖开腹腔，谁知孙悟空用一根毫毛变成饿鹰，一爪挖走了他的心肝五脏，鹿力大仙就此身亡，化为一头白毛角鹿。

二十一 羊力大仙

出处 《西游记》第四十四回至第四十六回

原形 羚羊

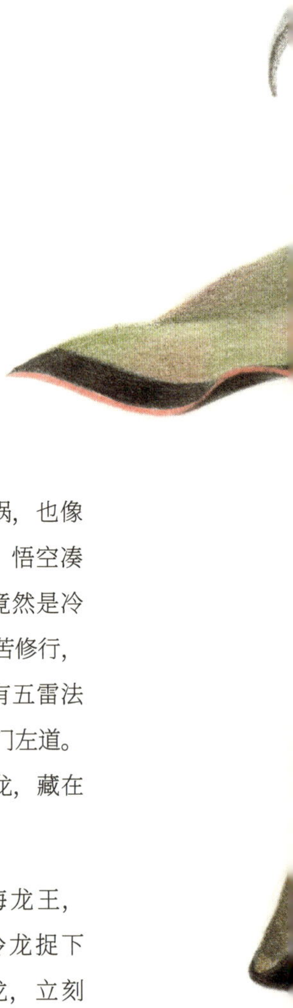

故事梗概

到了第三关，只剩下羊力大仙可以应战。这一关比的是下油锅洗澡，孙悟空问道“不知文洗，武洗？”原来文洗是穿着衣服在油锅里滚一滚，衣服上沾了油就算输；武洗则要脱了衣服，在油锅里翻筋斗、竖蜻蜓，如同杂耍一般。

羊力大仙选了武洗，孙悟空便率先跳进油锅，还故意假死欺骗师父和师弟，令唐僧伤心地对着油锅祭拜。然而八戒不买账，沙僧更是直言大师兄是个诈死的惯犯，在八戒的破口大骂下，孙悟空显出真身。

随后羊力大仙进了油锅，也像悟空那样自在，毫发无损。悟空凑近一试，发觉油锅里的油竟然是冷的。原来他们三个师兄弟辛苦修行，脱了本相化为人形，却只有五雷法是正道本事，其他都走了旁门左道。羊力大仙自己炼了一条冷龙，藏在油锅底部，这才保护了他。

孙悟空随即唤来北海龙王，让他化成一阵旋风，将冷龙捉下海去。羊力大仙失了冷龙，立刻没了方才的惬意，在油锅中挣扎不出，皮焦肉烂。

法宝

冷龙：羊力大仙自己炼成，可以释放寒气。

波谲罗川

天池——杜甫

天池马不到，
岚壁鸟才通。
百顷青云杪，
层波白石中。

波谜罗川位于两座雪山的中间，是一处四季如冬的不毛之地，横贯东西一千多里，南北一百多里，最狭窄的地方不超过十里，昼夜不断有旋风刮过，夹杂着冰雪和砂砾。

就是这样一个地方，正中却有一个大龙池。龙池位于大葱岭的中央，地势最高，而池水澄明如镜，水色青黑，不知其深度。其中游鱼众多，还有蛟、螭、龙、鼋等神异动物，池边的草泽上散布着各种禽鸟的蛋壳，想必是因为这里没有捕食者，于是成了众多飞禽的繁殖之地。

《西游记》中写到了一条通天河，水面宽阔，不见对岸，浪涛汹涌，十分凶险。在河岸边立着一块石碑，上面除了“通天河”三个大字之外，还有一行小字，写的是“径过八百里，亘古少人行”。

唐僧正为如何渡河而忧愁，突然听到了法事的鼓钹声，知道附近有人家，便带着徒弟们前去化缘。接待他们的老人家姓陈，正在斋僧散福，对唐僧师徒颇为恭敬，只是神色不佳，吞吞吐吐。唐僧问他做的是什么斋事，他答以“预修亡斋”。众人不解，老人这才将心事和盘托出。

原来通天河旁除了石碑，还有一座灵感大王庙，其中有一位神灵，可以“施甘雨、落庆云”，护佑一方，却要用童男童女献祭来交换，否则便降下灾难。这一年轮到陈家献祭，陈家兄弟二人都是年过半百，长兄陈澄已经六十三岁，只有一个独生女儿一秤金，弟弟陈清五十八岁，有个七岁的独子陈关保。两位老人舍不得儿女，这才办了这个“预修亡斋”，终日垂泪。

孙悟空听完原委，知道定有妖怪假托神灵在此地兴风作浪，于是拉上八戒，师兄弟两个变成陈关保与一秤金两个小孩，要替他们前去祭赛……

兵器

九瓣铜锤：观音莲池中的莲花炼就，『坚如钢锐彻通灵』。

洞府

通天河水鼋之第。

外貌

头戴金盔晃且辉，身披金甲掣虹霓。
腰围宝带团珠翠，足踏烟黄靴样奇。
鼻准高隆如峤耸，天庭广阔若龙仪。
眼光闪灼圆还暴，牙齿钢锋尖又齐。
短发蓬松飘火焰，长须潇洒挺金锥。
口咬一枝青嫩藻，手拿九瓣赤铜锤。
一声咿哑门开处，响似三春惊蛰雷。
这等形容人世少，敢称灵显大王威。

二十二

灵感大王

出处　《西游记》第四十八回至第四十九回

原形　金鱼

故事梗概

灵感大王本是观音莲池中的一尾金鱼，每天浮出水面听经，就此修炼成形。后来随着海潮跑到通天河，占据了老鼋的水府，当起了一方神灵，更以降灾为要挟，命令村民每年献上童男童女。

可是今年被丹盘抬进庙宇的两个小娃与往年不同，男孩口齿伶俐，不见半分慌张神色，女孩突然跳下地来，变成一个肥头大耳的和尚，挥起一钉耙，打落了他的两片红鳞。灵感大王匆忙逃回水府，心头恶气难消，在斑衣鳜婆的建议下，召来大雪，封住河面。等到唐僧师徒走到河中央时，猛地迸开冰层，除了孙悟空跳在半空，其余连人带马都掉进河里。不过灵感大王仅仅抓走了唐僧，沙僧、八戒和白龙马在水中挣扎片刻，捞出行囊，都自行登岸了。

丢了师父，徒弟们怎能甘休，沙僧、八戒轮番上阵，要引灵感大王上岸。灵感大王吃了一次亏，便不再上当，躲在水府中紧闭洞门，无论二人怎样叫骂，就是不肯应战。孙悟空没有别的办法，只好前往南海寻观音菩萨，问一问这个妖怪的来历。

南海观世音却不坐莲台，不带妆饰，编好一个紫竹鱼篮，便随悟空驾云到了通天河，把鱼篮丢入河水，念动咒语，片刻之后收回鱼篮，其中果然有一尾亮灼灼的金鱼。

故事梗概

斑衣鳜婆只是灵感大王水宫内一个不入流的小妖，在一众水族当中并不起眼。直到这一次灵感大王上岸享用祭祀的供品，却败兴而归，闷闷不乐，众眷族都问：“大王每年享祭，回来欢喜，怎么今日烦恼？”

灵感大王面色不郁，直言今日碰上一个对头，差点伤了自己性命。那人报了家门，是东土大唐圣僧的徒弟，大王知道这唐三藏来历不凡，吃了他的肉可以延寿长生，可惜他的徒弟如此厉害，他要捉唐僧只怕难了。

此刻正是斑衣鳜婆的机会，她跬跬拜拜上前，向灵感大王献策。

既然灵感大王通晓呼风唤雨之术，自然也能降雪结冰。只要他在三更半夜作法降雪，将通天河封冻起来，并令几个小妖变成行人，在冰面上背包持伞、担担推车，不住地走来走去，唐僧见了必然笃信冰面可以行人。等到他们踏冰而渡，大王则稳坐江心，等他脚步一到，则迸裂寒冰，让他们师徒一行全部落入寒江之中，岂不是一网成擒？

灵感大王听后大喜，要与斑衣鳜婆拜为兄妹，同席享用唐僧肉。

斑衣鳜婆

二十三

出处 《西游记》第四十八回至第四十九回

原形 鳜鱼

洞府

通天河水鼋之第。

洞府

通天河水鼋之第。

外貌

方头神物非凡品，九助灵机号水仙。
曳尾能延千纪寿，潜身静隐百川渊。
翻波跳浪冲江岸，向日朝风卧海边。
养气含灵真有道，多年粉盖癞头鼋。

老鼋

出处 《西游记》第四十九回

原形 鼋

二十四

故事梗概

话说孙悟空请来了观音菩萨收服通天河中的灵感大王，师兄弟杀进妖怪洞府，从石匣中找到了师父。平息了妖怪劫难，还有天堑需要渡过，众人本想寻找船只，突然听见一个声音从河中传来：“孙大圣不要打船，花费人家财物。我送你师徒们过去。”

话音未落，从水中钻出一只老鼋，甲壳粉白，方头曳尾，是个得道的灵兽。原来它才是“水鼋之第”的主人，只因为斗不过灵感大王，被他占领水府，打伤许多眷族。如今灵感大王被收服，老鼋得以重回宅第，因此心怀感恩，便主动提出要载唐僧师徒过河。到达对岸时，唐僧向老鼋道谢，老鼋便请求他面见佛祖的时候替它问一个问题。老鼋在通天河修炼了一千三百多年，虽然寿命长，通人言，但不能脱去原形，修成人身。他想问一问佛祖，自己几时能成正果，修炼成人。

独角兕大王

二十五

◎出处　《西游记》第五十回至第五十二回

◎原形　青牛

外貌

独角参差，双眸幌亮。顶上粗皮突，耳根黑肉光。舌长时搅鼻，口阔版牙黄。毛皮青似靛，筋挛硬如钢。比犀难照水，像牯不耕荒。全无喘月犁云用，倒有欺天振地强。两只焦筋蓝靛手，雄威直挺点钢枪。细看这等凶模样，不枉名称兕大王。

洞府

金兜山金兜洞。

兵器

丈二钢枪。

故事梗概

师徒四人渡过通天河后，天气依然寒冷彻骨。唐僧腹中饥饿，命悟空外出化缘。悟空便在地上画了一个圈，嘱咐唐僧不得踏出圈外。唐僧等得心焦，又有八戒在旁挑拨，便出了圈子，带着八戒和沙僧走进了一户宅院。屋内无人，却有一副骸骨和三件纳锦背心。

八戒拿了背心给三人穿上，谁知这纳锦背心上设了法术，乃绑缚人的陷阱。宅院也露出本来面貌，师徒三人就此陷入了妖怪的洞窟之中。这妖洞的主人，名叫独角兕大王，真身乃太上老君的坐骑——板角青牛。

这位独角兕大王武艺不凡，使一杆长枪，与孙悟空斗得难分胜负。他手上还有一个亮灼灼、白森森的圈子，无论什么兵器、法宝，只要将圈子抛起，叫声“着！”呼啦一下就能收走。孙悟空没了金箍棒，顿时没了主意，突然想到缠斗间妖精曾说他“真个是闹天宫之类！”既然认得齐天大圣，必然不是凡间妖物。于是悟空直奔天宫，先是请玉帝点查众神，并无缺漏；后又搬来一批救兵，先后请了托塔天王、哪吒太子、雷公、火德星君、水德星君下界助阵，但都无法降服妖怪，反被他套走了兵器、法宝。

无论使出什么手段也无法得胜，孙悟空只好去西天灵山，找如来佛祖问询。如来令降龙、伏虎二位罗汉带着十八粒金丹砂前去降妖。结果还是落了下风，那圈子的法力更在金丹砂之上。罗汉便指引悟空去离恨天兜率宫找太上老君。

原来兜率宫中看牛的童儿偷吃了一粒“七返火丹”，便沉沉睡去。青牛趁机偷了老君的金刚琢，逃往下界，占山为王。最后，太上老君带着芭蕉扇，收服了独角兕大王，用那金刚琢穿了他的鼻子，令他现出原形，带回了离恨天。

法宝

金刚琢：外形是一个白森森的圈子，本是太上老君过函谷关时带的法器，神通广大，任何兵刃、法宝都能套走。

女儿国

圣僧拜佛到西梁，国内衔阴世少阳。
农士工商皆女辈，渔樵耕牧尽红妆。
娇娥满路呼人种，幼妇盈街接粉郎。
不是悟能施丑相，烟花围困苦难当！

——《西游记》

历史上的玄奘其实并未真正到过女儿国，但他在《大唐西域记》中记录了两个相关的国家——东女国与西女国。

东女国位于北方的大雪山中，原名为苏伐剌拏瞿呾罗国，以出产高品质的黄金闻名。东女国尊奉女王，国王的丈夫也被称为“王”，但是不管政事，而国中的男子仅负责种地和打仗，官职一概由女性担任。

西女国则地处西南海域，位于一座海岛上。传说曾有一位公主出嫁时被山中的狮子抢走，后来生下一男一女两个孩子，都是人形兽性。男孩杀死了父亲（狮子），令母亲得以回归人类社会，但是接纳他们的国王只答应供养母亲，而将子女分别放在船上，让他们漂流出海。

男孩到达的地方后来建立了僧伽罗国，又名执师子国。女孩则漂流到一个海岛上，被鬼魅迷住了，生育了许多女孩，由此建立了西女国。西女国依附于毗邻波斯的拂懔国，每年由拂懔国国王派遣一船男子上岛，和岛上的女子繁衍后代。但是在岛上出生的男孩是养不大的，或许存在某种杀死男婴的习俗。

《西游记》中描述的女儿国全称是西梁女国，国中只有女子，上到国王、大臣，下到各行各业的民众，全都由女人担任。国中的王城外有一条子母河，城里迎阳馆驿的门外有一口照胎泉。国中的女子年满二十以后，才会饮用子母河的水，饮水三日后，若去照胎泉能照出双影，便会降生孩儿。

这个西梁女国既似西女国一般只有女子，又如东女国那样由女性担任官职，只有诞育后代的方式与众不同，充满了想象力。

如意真仙

二十六

出处 《西游记》第五十三回

原形 牛

外貌

头戴星冠飞彩艳，身穿金缕法衣红。
足下云鞋堆锦绣，腰间宝带绕玲珑。
一双纳锦凌波袜，半露裙襕闪绣绒。
手拿如意金钩子，镈利杆长若蟒龙。
凤眼光明眉菂竖，钢牙尖利口翻红。
额下髯飘如烈火，鬓边赤发短蓬松。
形容恶似温元帅，争奈衣冠不一同。

洞府

解阳山聚仙庵。

兵器

如意钩。

故事梗概

唐僧师徒四人进入西梁女国的地界时，不明当地习俗，贸然饮用了子母河的泉水，致使唐僧与八戒腹痛不止。一个村舍里的老妈妈指点他们，南方有一座解阳山，山中有个破儿洞，其中有一眼落胎泉，可以解除子母河水的效力。只不过近年有一个道人霸占了那里，将破儿洞改名为“聚仙庵”，需向他送上高额报酬，才能换来泉水。

这名道人就是如意真仙，他是牛魔王的兄弟、红孩儿的叔叔。他知红孩儿被孙悟空所害，成了观音的善财童子，已有仇怨在前，如今仇人自己送上门来，怎能不动手？如意真仙甩开两把如意钩，与悟空大战，两番勾住孙悟空的腿脚，令他跌跤，抽不出身来取水。于是孙悟空回头找来了沙和尚，自己先引开如意真仙，由沙和尚趁机打水。

最后，沙和尚顺利打了一桶泉水。孙悟空也打败了如意真仙，虽未取他性命，但折断了他的一对兵刃“如意钩”，告诫他不得再用泉水勒索他人。

洞府 毒敌山琵琶洞。

兵器 三股叉。

蝎子精

二十七

出处 《西游记》第五十四回至第五十五回

原形 蝎子

故事梗概

女儿国的国王看上了相貌俊美的唐僧，要与他结成婚姻，将他永远留在西梁女国。唐僧心中不愿，但听从孙悟空的计策，先假意答应，骗得国王在通关文牒上盖了大印，开城门送出三个徒弟。就在唐僧要悔婚上路的时候，路边突然闪出一个女子，掀起一阵旋风，将唐僧摄走。

这个女子就是蝎子精。所有的蝎子都带毒，而且其身体形状像极了琵琶这种乐器，因此她的洞府便叫作毒敌山琵琶洞。她将唐僧抓进洞府，却不是为了吃肉求长生，而是要和他成亲。

孙悟空跟着旋风找到妖洞，打将进去，女妖便挥起一柄三股叉迎战，她以一敌二，与悟空、八戒缠斗多时，不分胜负。蝎子精将身一纵，使出一个倒马毒桩，那正是蝎子的尾刺，在孙悟空头上蜇了一下。这下可厉害了，强如齐天大圣也要捂着头喊疼。孙悟空自认修为甚高，天上众神的兵器、雷劈火烧都不能伤他分毫，现在居然被一个妖怪蜇得疼痛难忍，未免太失面子。

后来观音菩萨前来指点，说这蝎子曾在雷音寺听佛祖谈经，把如来佛的手指蜇了一下，连佛祖都难忍这种疼痛，更别说其他人了。要降服这只蝎子精，只有天宫里的昴日星官能够胜任。昴日星官也就是昴宿，属于二十八星宿之中的白虎七宿，而星宿与五行阴阳、动物相对应，昴宿便被称为“昴日鸡”。因此，昴日星官的本相是一只双冠子大公鸡，正是蝎子的克星。

蝎子精一见昴日星官的本相，立即被吓回原形，震慑而死。

外貌

与孙悟空同音同相。

六耳猕猴

二十八

◎出处 《西游记》第五十七回至第五十八回

◎原形 六耳猕猴

故事梗概

唐僧从蝎子精的洞府中得救，带着徒弟们继续上路，走在荒野之中，又遭遇了一伙强盗。孙悟空不听劝告，纵恶行凶，打死了许多强盗，唐僧怪他不服管教，此时师徒之间嫌隙已经滋生。悟空有不睦之心，八戒、沙僧有妒忌之意，唐僧更是屡屡以紧箍咒惩戒，最终孙悟空被赶出了取经的队伍，带着一腔怨气跑去落伽山找观音菩萨诉苦。

六耳猕猴便在此时乘虚而入，先变成悟空模样，给唐僧送水。唐僧余怒未消，不肯接受他的侍奉。六耳猕猴立即变了脸，打晕了唐僧，抢走包袱行李，飞到花果山，变出师徒几人的替身，扬言要自行去取经，成正果。

真的孙悟空得到消息，前去与假悟空对质。两人从花果山打到南海落伽山，从落伽山战到南天门，又从南天门斗至十八层地府，诸天神佛谁也分不出来孰真孰假。只有地藏菩萨座下的一只神兽谛听发现了假悟空的身份，但不敢说破，因为这“妖精神通，与孙大圣无二”，地府中的鬼神都不是他的对手，因此谛听只能请他们去西天佛祖面前辨个真伪。

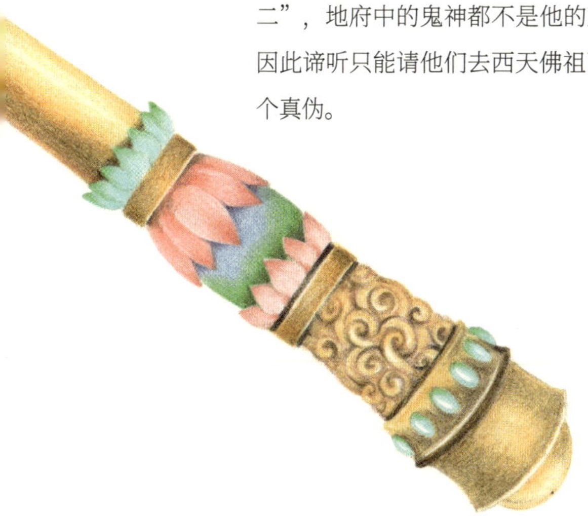

佛祖自然看出假冒悟空的乃六耳猕猴，属于混世四猴之一，不在五仙、五虫这十种众生类别之中。“灵明石猴，通变化，识天时，知地利，移星换斗；赤尻马猴，晓阴阳，会人事，善出入，避死延生；通臂猿猴，拿日月，缩千山，辨休咎，乾坤摩弄；六耳猕猴，善聆音，能察理，知前后，万物皆明。”孙悟空正是其中的灵明石猴，而六耳猕猴能知千里外之事，故而可以模仿悟空，与他同音同相。

六耳猕猴被戳穿了真身，惊惧欲逃，却被如来的金钵盂罩住，显出了原形，最终被孙悟空一棍打死。

高昌国

气候六首（其三）——肖雄

高昌炎热绝无俦，
赢得元时号火州。
毕竟庚藏阳气伏，
凄凄风雨又边秋。

高昌国所处的地理位置十分重要，是西域的交通枢纽之一，早在西汉中期，汉王朝就派遣兵卒进驻，形成屯兵屯田的军事壁垒，称为“高昌壁”。

随着社会经济的发展，高昌逐渐具备了成熟的城市功能，在西晋之后，由“高昌壁”变成了“高昌郡”，并先后隶属于前凉、前秦、后凉、西凉、北凉五个国家。最终，在复杂的战乱中，高昌郡又成为独立的国家，出现了四个汉人政权，统治高昌一百六十余年，其中麹氏高昌享国最久。

玄奘西行时，正是麹氏高昌时期，当时的高昌王名叫麹文泰，听说玄奘之事，立即盛情邀请他来到王都白力城，成为自己的贵客。玄奘留居十余天，其间国王、王妃、官员及僧侣法师都来礼拜。高昌王还一度恳请玄奘留下传授佛法，他愿意终生供养。然而玄奘去意已决，甚至不惜以绝食明志。最终高昌王改变了想法，提出玄奘取经归来时，要在高昌居住三年，接受供养的要求，并与玄奘结为兄弟。

玄奘离开高昌国时，已经身为高昌王的御弟，有马队随从护卫，并带着丰厚的盘缠和物资。高昌王还写下二十四封国书，送往玄奘将要经行的国家，请各国的君王对玄奘此行多加照顾。队伍起行那天，白力城倾城而出为法师送行，僧侣百姓都恸哭不止，国王与多位高僧骑马送出几十里后方才返回。

《西游记》将玄奘的高昌王御弟身份加以改编，令唐三藏变作大唐皇帝的御弟，而位于今日新疆吐鲁番地区的高昌国，则化作一座无春无秋、终年炙热、燃起八百里火焰的火焰山。

法宝

芭蕉扇：一扇熄火，二扇生风，三扇下雨。

洞府

翠云山芭蕉洞。

外貌

头裹团花手帕，身穿纳锦云袍。
腰间双束虎筋绦，微露绣裙偏绡。
凤嘴弓鞋三寸，龙须膝裤金销。
手提宝剑怒声高，凶比月婆容貌。

二十九 铁扇公主

出处 《西游记》第五十九回至第六十一回

原形 罗刹女

故事梗概

罗刹是印度神话中的一种恶鬼，据说男性罗刹模样恐怖，女性则貌美惑人，专门吃人血肉。随着佛教故事对印度神话的吸收和改编，罗刹逐渐从恶鬼的形象变为佛的护法神、地狱的狱卒等正面形象。传入我国后，在一些民间故事中，罗刹成了丑陋的代名词，即使原本美丽的罗刹女，也多以恐怖、丑恶的形象见诸书籍之中。

《西游记》当中的罗刹女被尊为铁扇公主，但从书中的描写可见她的容貌并不好看，“凶比月婆容貌”中的“月婆”并不是指月亮，更可能是与罗刹一样来自印度神话中的丑女符号。

铁扇公主拥有一件法宝——芭蕉扇，一扇熄火，二扇生风，三扇下雨，火焰山附近的居民都要依靠她休养生息。唐僧一行想通过火焰山，也必须去求她。可有红孩儿的仇怨在前，身为红孩儿母亲的铁扇公主怎肯善罢甘休？她一扇将孙悟空扇出五万里，撞进灵吉菩萨在小须弥山上的禅院。悟空向灵吉菩萨求来了定风丹，使芭蕉扇扇不动他，铁扇公主却关了洞门不肯应战。悟空只好变成小虫，混在茶水中钻进她的肚子，乱踢乱打，逼迫她借扇。铁扇公主疼痛难忍，只好答应。可是孙悟空借到的是一把假扇子，越扇火越旺，把他腿上的毫毛都燎着了。

悟空出师不利，吃了大亏，气愤不已。土地神提醒他，要借到真正的芭蕉扇，还得从铁扇公主的丈夫——大力牛魔王身上下手。

毛女

出处 《西游记》第五十九回

原形 人

三十

洞府

翠云山芭蕉洞。

故事梗概

毛女是铁扇公主身边的侍女，孙悟空来到芭蕉洞门前请求借扇，便是她打开洞门，应答通报的。她肩上担着锄头，挑着花篮，一身仙气道骨，比铁扇公主更像一个得道的修士。这是因为毛女本身取材于中国古代的修仙神话，《太平广记》中就收录了几个有关毛女的故事。其中一个来自《列仙传》，当中写道：“毛女者，字玉姜，在华阴山中，猎师世世见之。形体生毛，自言秦始皇宫人也。秦坏，流亡入山避难。遇道士谷春，教食松叶，遂不饥寒，身轻如飞，百七十余年，所止岩中有鼓琴声云。”

在许多诗词作品中，毛女都是山中隐士、世外高人的代表。到了《西游记》中，则摇身一变，成了罗刹女的童儿，十分有趣。

洞府

翠云山芭蕉洞、积雷山摩云洞。

兵器

混铁棍。

外貌

头上戴一顶水磨银亮熟铁盔，
身上贯一副绒穿锦绣黄金甲，
足下踏一双卷尖粉底麂皮靴，
腰间束一条攒丝三股狮蛮带。
一双眼光如明镜，两道眉艳似红霓。
口若血盆，齿排铜板。
吼声响震山神怕，行动威风恶鬼慌。
四海有名称混世，西方大力号魔王。

三十一

牛魔王

出处 《西游记》第六十回至第六十一回

原形 大白牛

故事梗概

牛魔王曾与孙悟空结拜为兄弟，号为“平天大圣”，本来二人颇有交情。但在取经路上，先有红孩儿被佛门收服，后有铁扇公主受伤、玉面公主被惊吓，在牛魔王看来，孙悟空已经如仇敌一般。他不仅要兴师问罪，还要将孙悟空打死，方能雪恨。

二人缠斗百十回合，不分胜负。碧波潭的龙王突然派人来请牛魔王赴宴，于是牛魔王要求停战，自己跨上避水金睛兽前往碧波潭。孙悟空尾随在后，找机会偷走了牛魔王的坐骑，变成他的模样，从铁扇公主手里骗到了芭蕉扇和使用的口诀。

宴席散后，牛魔王发现自己的坐骑不见了，顿时醒悟过来，忙回芭蕉洞问清事情的来龙去脉，以其人之道还治其人之身，变成猪八戒的样子，又把扇子从孙悟空手里骗了回来。孙悟空发现上当，气愤难当，又与牛魔王大打出手。这时，真的八戒前来助阵，火焰山土地神又带着无数阴兵挡住牛魔王的退路。一时间众人斗得天昏地暗，牛魔王以一敌众，鏖战一日一夜仍不显疲颓。这时，玉面公主召集了一百多个妖兵一哄而上，打得悟空等人措手不及，竟让牛魔王能够得胜回府。

然而胜利维持得极为短暂，孙悟空一行很快卷土重来。牛魔王不敌，变成天鹅逃生。但这根本无法骗过火眼金睛的孙悟空，他变成一只海东青追赶天鹅。二人不断变化，从禽鸟到猛兽，一路争斗不休，最终牛魔王显出本相，乃一头巨大的白牛，头如峻岭，角似铁塔。孙悟空带领着金头揭谛、六甲六丁、护教伽蓝，众神合力也无法战胜他。直到五台山、峨眉山、须弥山、昆仑山的泼法金刚、胜至金刚、大力金刚和永住金刚等佛兵天将将他重重围堵，托塔天王和哪吒太子也前来助阵，才最终降服了大力牛魔王，铁扇公主也交出了芭蕉扇。

玉面公主

出处 《西游记》第六十回

原形 狐狸

三十二

故事梗概

玉面公主是积雷山摩云洞万岁狐王的独生女，狐王死后，她一人无力管理百万家私，听说了牛魔王的威名，便请人说媒，要招赘牛魔王为夫婿。牛魔王也贪恋玉面公主的美艳容貌，便将原配铁扇公主撇在一旁，另娶了玉面公主，住在摩云洞中。

孙悟空根据土地神的指示，来到积雷山求见牛魔王，先在松阴下见到一个女子，手折一枝香兰，袅袅娜娜而来，正是玉面公主。孙悟空谎称自己是受铁扇公主所托，来请牛魔王回家。玉面公主一听便暴跳如雷，破口大骂。孙悟空怒而要打，把玉面公主唬得逃回洞府，请牛魔王出来迎战。

虽然玉面公主须依靠牛魔王替她守住家业，但她也不是全无胆色的小女子。在牛魔王受到围困的时候，她便站出来召集妖兵护卫、大小头目，带着各种兵器前去助阵，帮助牛魔王取胜而归。可惜孙悟空等人去而复返，又来搦战，把摩云洞的前门也打得粉碎。这一次牛魔王陷入苦战，变成一只天鹅逃走，而被留下的玉面公主最终死在猪八戒的钉耙之下。

外貌

娇娇倾国色，缓缓步移莲。
貌若王嫱，颜如楚女。
如花解语，似玉生香。
高髻堆青軃碧鸦，双睛蘸绿横秋水。
湘裙半露弓鞋小，翠袖微舒粉腕长。
说甚么暮雨朝云，真个是朱唇皓齿。
锦江滑腻蛾眉秀，赛过文君与薛涛。

洞府

积雷山摩云洞。

焉耆国

早发焉耆怀终南别业——岑参

晓笛引乡泪，秋冰鸣马蹄。
一身虏云外，万里胡天西。
终日见征战，连年闻鼓鼙。
故山在何处，昨日梦清溪。

焉耆国也叫作阿耆尼国，是《大唐西域记》中记录的第一个国家。这里四面环山，幅员东西六百多里、南北四百多里，气候温和，溪流泉水交织，因此农业相对发达，有香枣、葡萄、沙果等多种果品，居民安居乐业，民风淳朴真挚。

焉耆国流传着一个阿父师泉的传说，那是一眼位于沙崖上的泉水，离地几丈高。从前有一队商旅路过此地，所带的饮水耗尽，困顿之际，便向队伍中的一位老僧求助。那位僧人原本没有任何行李，依靠商队的施舍生活，此刻见状便要求他们，如受三皈五戒，从此礼佛，他便登崖取水。

众人受戒之后，遵照老僧的吩咐，在他登上沙崖后高喊“阿父师为我下水”，果然有泉水奔涌而下。可是老僧久久不返，众人上去察看时，发现他已经圆寂。于是他们依照西域的习俗将尸身火化，又堆聚砖石为塔，以示纪念。后来泉水便一直存在，根据行旅人数的多少，水量也随之变化，人多则水多，人少则水少，若无人经过，便只有点滴而已。

玄奘一行人曾在阿父师泉边歇宿，前往焉耆王都的路上还遭遇了盗贼。焉耆国王虽然接见并供养玄奘法师，但由于此前与高昌国存有怨恨，因此不肯供给马匹。玄奘只在王城留宿一夜后，便再次上路。

在《西游记》中，唐僧一行离开火焰山后，便到达了祭赛国。这个国家处在月陀国、高昌国、西梁国和本钵国的中间，有一座金光寺，寺内宝塔上祥云笼罩，昼喷彩气，夜放霞光，所以被人认作是天府神京，周边的国家年年来此上贡。谁知几年前天降红雨，玷污了宝塔，致使祥云不再，而金光寺的和尚被国王怀疑偷取了宝塔上的佛宝，饱受拷打和折磨。

洞府

乱石山碧波潭。

外貌

滑皮大肚，巨口长须。

三十三

奔波儿灞

出处 《西游记》第六十二回

原形 鲇鱼

故事梗概

唐三藏不忍心看到金光寺的宝塔被尘埃淹没，再无重光之时，于是在夜间悄悄带着悟空前去扫塔。宝塔一共有十三层，唐僧一阶一阶地清扫，到了第十层，终于体力不支，只好请求悟空代劳，扫完最后三层。悟空精神抖擞，很快到达顶层，发现第十三层的塔心坐着两个妖怪，面前放着一壶酒、一盘菜、一个碗，在那儿猜拳吃酒。

灞波儿奔

三十四

出处 《西游记》第六十二回

原形 黑鱼

故事梗概

奔波儿灞与灞波儿奔都是碧波潭龙宫里的小妖，奉龙王的命令来金光寺巡塔，因为宝塔蒙尘多年，无人上去察看，因此放松了警惕，守夜的时候竟然喝酒猜拳，玩闹起来。没想到撞见了来扫塔的孙悟空，吓得半死，只能抄起酒壶和碗盘乱扔乱摔，可这样并不能脱身，仍被孙悟空一手抓住，逼问佛宝的下落。灞波儿奔吓得魂飞魄散，立刻就供出了乱石山碧波潭的九头虫与万圣公主。

外貌

暴腮乌甲，尖嘴利牙。

洞府

乱石山碧波潭。

洞府

乱石山碧波潭。

万圣公主

三十五

出处　《西游记》第六十三回

原形　龙

故事梗概

据灞波儿奔招供，祭赛国东南部有一座乱石山，山间有个碧波潭。潭里有一位万圣龙王，他的女儿万圣公主妖娆美艳，招赘了一个驸马，名为九头虫。九头虫神通广大，与龙王合谋，掀起一场血雨，污了宝塔，随后偷走佛宝舍利子，藏在龙宫之中。万圣公主又只身潜入天宫，从凌霄殿前偷了王母娘娘的九叶灵芝草，养在潭底，与佛宝一起昼夜放出光明。

万圣公主久居深宫，并不知道自己的驸马与父王在与孙悟空的争斗中一个负伤逃跑，一个死于非命，更不知道龙宫中的龙子龙孙、虾兵蟹将都已被二郎神及其部将剿灭。

九头虫

三十六

◎出处 《西游记》第六十三回

◎原形 九婴

故事梗概

奔波儿灞与灞波儿奔两个小妖，一个被割了耳朵，一个被割了下唇，扔进碧波潭回报龙王，孙悟空前来下战书。九头虫自认武艺超群，取了披挂，抄起月牙铲，便分开水道，跳出潭水，与孙悟空打作一团。二人有来有往，三十多个回合内不分胜负，这时猪八戒从后方杀来助阵，九头虫抵挡不住，就地一滚，现出了原形。

九头虫名虽为“虫”，实际上属于鸟类，名为九婴或九凤，又叫鬼车，长着九个脑袋。《山海经》有记载：“大荒之中，有山名曰北极天柜，海水北注焉。有神，九首、人面、鸟身，名曰九凤。”而《西游记》的诗词描写也十分详尽：“毛羽铺锦，团身结絮。方圆有丈二规模，长短似鼋鼍样致。两只脚尖利如钩，九个头攒环一处。展开翅极善飞扬，纵大鹏无他力气；发起声远振天涯，比仙鹤还能高唳。眼多闪灼幌金光，气傲不同凡鸟类。”

这九头带翅的模样太过奇异，悟空和八戒见了也不由心惊。九头虫的飞行速度极快，躲过金箍棒之余，还能突然伸出一个头，咬住八戒的鬃毛，把他拖进水里。孙悟空在盗走牛魔王的避水金睛兽时已经进过碧波潭龙宫，这一次又变成一只螃蟹，轻车熟路地找到了八戒。八戒让悟空在岸上埋伏，自己则单枪匹马捣毁龙宫大门，引得万圣龙王与九头虫追赶出水。孙悟空一棒打死了龙王，可九头虫仍旧脱身而去。

此时正碰上二郎神带着梅山六兄弟外出游猎，见悟空、八戒需要帮助，便率领康、张、姚、李、郭、直六兄弟与龙宫军队大战，将许多龙子龙孙斩杀。九头虫再次显出本相，被二郎神用金弓银弹打得四处逃窜，试图偷袭，又被哮天犬蹿出来咬断了一个头，只能狼狈不堪地滴着血，往北海逃去了。

九头虫的一头被哮天犬咬断的情节取自鬼车的记载，这似乎源自民间传说，早在魏晋便有相关记录，后来的典籍又不断补充丰富。例如《天中记》中记录，鬼车“昔有十首，一首为犬所噬，今犹余九首”，断首处滴血不止，故而鬼车十分怕狗，民间将它称为“九头鸟”。《西游记》虽然化用了这个典故，但九头虫本来就是九首，被咬断一头，那就成了八头鸟了。

洞府

乱石山碧波潭。

兵器

月牙铲。

外貌

戴一顶烂银盔，光欺白雪；
贯一副兜鍪甲，亮敌秋霜。
上罩着锦征袍，真个是彩云笼玉；
腰束着犀纹带，果然像花蟒缠金。
手执着月牙铲，霞飞电掣；
脚穿着猪皮靴，水利波分。
远看时一头一面，近睹处四面皆人。
前有眼，后有眼，八方通见；
左也口，右也口，九口言论。
一声吆喝长空振，似鹤飞鸣贯九宸。

凌山

边关行——谭钟钧

祁连葱岭渺天末，
苍然大地浮云烟。
我抚沧桑怀太古，
一粟太仓渺何许。

离开焉耆之后，玄奘一行渡过一条大河，前方是一马平川的宽阔道路，西行数百里，便进入了龟兹的国界。

龟兹已经临近凌山，而当时的凌山雪路未开，玄奘无法取道，只能在龟兹停留了两个多月。

凌山是葱岭的北隅，葱岭即今日的帕米尔高原，从汉朝时便得名“葱岭”，据说是因为山崖葱翠或多生野葱。葱岭是丝绸之路的必经之地，不少西来东往的商旅、文人都记录过这片山岭。玄奘在《大唐西域记》中写到，葱岭地处南瞻部洲的中央，南面连接大雪山，北面抵达热海、千泉，西到活国，东到乌铩国，方圆数千里，崇山峻岭多达几百层，深谷险峻，常年积雪。

若要对应到《西游记》中，唐僧师徒踏过的便是八百里荆棘岭。“荆棘蓬攀八百里，古来有路少人行”，这座山岭虽然已经辟出路径，奈何四处铺满了荆棘，实在难行。猪八戒心急，想放火烧荒，但时间正逢冬残春至，草木蕃盛，唐僧不愿引火。幸好八戒抡起钉耙，一路搂开荆棘，让出道路。不过师徒们赶路的速度受到了影响，只好趁着月色明亮，连夜行路，走了两天两夜，终于出现一片空地，其中矗立着一座古庙。风敲竹韵，松声飒飒，松柏凝青，桃梅斗丽，正是一个昼夜、节气皆紊乱的特殊时刻，奇异的事情随之发生。

劲节十八公

三十七

出处 《西游记》第六十四回

原形 松树

故事梗概

劲节十八公这个名字暗藏着一个字谜，“十八公”三个字拼在一起，就是“松”字。他突然在古庙门前现身，自称土地神，带着一个青脸獠牙的鬼使，头顶着一盘面饼，来请唐僧师徒充饥。孙悟空端详许久，认出他并非神明，但是晚了一步，十八公已经化为阴风，摄走了唐僧。

以十八公为首的荆棘岭众多树妖，不同于唐僧一路上遇到的凶残妖类，他们对唐僧并无加害之心，也不在乎唐僧肉带来的长生不老功效，反倒满怀风雅意趣，请唐僧来以文会友。

十八公召来了另外三位树妖，分别是孤直公、拂云叟和凌空子。他们联句作诗，在词句之中埋下线索，阐明自己的真身。劲节十八公所作的诗句如下：

劲节孤高笑木王，灵椿不似我名扬。
山空百丈龙蛇影，泉泌千年琥珀香。
解与乾坤生气概，喜因风雨化行藏。
衰残自愧无仙骨，惟有苓膏结寿场。

其中颔联所说的“龙蛇影”，正是松树枝干盘虬的形态，而松脂凝固后形成的化石就是“琥珀”。

洞府

荆棘岭木仙庵。

外貌

头戴角巾，身穿淡服，手持拐杖，足踏芒鞋。

洞府

荆棘岭木仙庵。

孤直公

出处　《西游记》第六十四回

原形　柏树

三十八

故事梗概

孤直公有霜姿风采，正是一种不畏风雪、四季常青的树木。他的诗句写道：

> 霜姿常喜宿禽王，四绝堂前大器扬。
> 露重珠缨蒙翠盖，风轻石齿碎寒香。
> 长廊夜静吟声细，古殿秋阴淡影藏。
> 元日迎春曾献寿，老来寄傲在山场。

宋诗中有一首：“四绝堂前枯柏树，晋人栽植宋人吟。无枝无叶无吟处，聊寓一时怀古心。”因此首联中才有“四绝堂前大器扬”的引用。而最后的“元日迎春曾献寿”，说的是古人的一种习俗。《汉官仪》中记载，元旦这天要用柏叶酒来上寿，所以这也是从典故中隐喻孤直公的身份。

拂云叟

三十九

出处 《西游记》第六十四回

原形 竹子

洞府 荆棘岭木仙庵。

故事梗概

拂云叟出场时就已经被作者揭穿了身份，原文描写他用了“虚心黛色”一词，“虚心”便是“空心”，“黛色”便是“青色”，青色空心的植物，自然就是竹子了。

淇澳园中乐圣王，渭川千亩任分扬。
翠筠不染湘娥泪，班箨堪传汉史香。
霜叶自来颜不改，烟梢从此色何藏？
子猷去世知音少，亘古留名翰墨场。

开头“淇澳”便是指《诗经·卫风》中的“淇奥”一篇，其中写道“瞻彼淇奥，绿竹猗猗”，可以说直接点明了身份。《史记·货殖列传》中有“渭川千亩竹……其人皆与千户侯等”一句，意思是种植千亩竹子的人，可以同千户侯一般富足。

“筠”与“箨”分别是竹子的青皮和外壳，也都代指竹子。“湘娥泪”暗藏着湘妃竹的典故，传说娥皇、女英二妃为舜奔丧，眼泪洒在竹子上形成斑斑点点的痕迹，于是就有了湘妃竹。而“班箨”一句说的应是东汉班固所著的《汉书》，从前的文字写在竹简上，因为要将青竹烘干，流出水分，所以又把历史称为“汗青”或“青史”。

尾联的“子猷”是指王羲之的儿子王徽之，他生平爱竹，曾言“不可一日无此君”，因此拂云叟将他称为“知音”。

洞府

荆棘岭木仙庵。

凌空子

出处　《西游记》第六十四回

原形　桧树

四十

故事梗概

凌空子所作诗句如下：

梁栋之材近帝王，太清宫外有声扬。
晴轩恍若来青气，暗壁寻常度翠香。
壮节凛然千古秀，深根结矣九泉藏。
凌云势盖婆娑影，不在群芳艳丽场。

桧树姿态清奇，可以独木成景，又耐寒常绿，不同于百花争艳，而自带凌云一览的气势。因为枝干大而坚实，可以用于建筑和造船，于是有首联中“梁栋之材”的赞赏。“太清宫外有声扬”指的是安徽亳州太清宫外有八桧，相传是老子亲手种植。据《太清记》所载，其枝干均向左扭曲，古人认为这是一种祥瑞。

杏仙

四十一

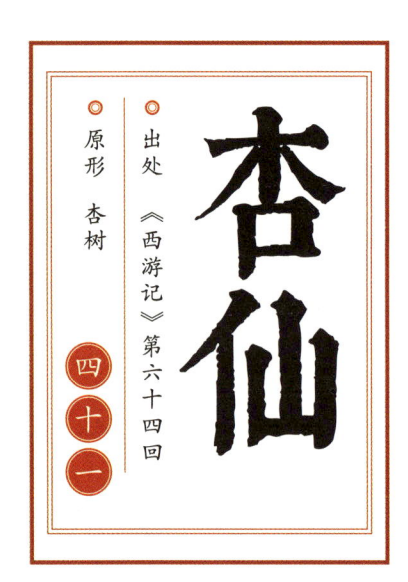

◎出处 《西游记》第六十四回

◎原形 杏树

外貌

青姿妆翡翠，丹脸赛胭脂。
星眼光还彩，蛾眉秀又齐。
下衬一条五色梅浅红裙子，
上穿一件烟里火比甲轻衣。
弓鞋弯凤嘴，绫袜锦拖泥。
妖娆娇似天台女，不亚当年俏妲姬。

洞府

荆棘岭木仙庵。

故事梗概

四叟与唐僧正作诗谈笑，忽然来了一位仙女，手拈一朵杏花。她是杏树所化，不同于孤直公等人皆是虬结孤高的耐寒树木，她所代表的是初春二月开放的娇艳花朵。只因《西游记》成书于明代，因此书中描写的“比甲轻衣”“弓鞋”等在唐代还未出现。不然，若杏仙真是唐朝的树妖，模样打扮应与《簪花仕女图》中的贵族女子差不多。

杏仙也作了一首律诗，以典故讲出了她的原身：

上盖留名汉武王，周时孔子立坛场。
董仙爱我成林积，孙楚曾怜寒食香。
雨润红姿娇且嫩，烟蒸翠色显还藏。
自知过熟微酸意，落处年年伴麦场。

头一句便是要追溯“杏”在历史上留名的时刻。汉武帝曾求仙问道，有方士向他进献了山杏，于是得名为“武帝杏”，而孔子开坛讲学的地方最初被称为“杏坛”。

“董仙”是指三国时期吴国的神医董奉，传说他替人诊治后不要诊金，被治好的重病患者需种植杏树五棵，轻疾病人种植一棵即可。因此在他坐诊的庐山附近，杏树蔚然成林。“孙楚”是晋朝人，他在寒食节时曾使用杏酪来祭祀介子推，因此才说“孙楚曾怜寒食香”。

丹桂童女

四十二

出处 《西游记》第六十四回

原形 丹桂

洞府 荆棘岭木仙庵。

四十三 腊梅童女

出处 《西游记》第六十四回

原形 腊梅

故事梗概

丹桂、腊梅是伴随杏仙的童女，都挑着小灯笼，做些侍奉开道、端茶递水的事情，并不参与吟诗作赋的活动。

随着杏仙的出现，孤直公等人的意图也发生了变化，开始试图撮合杏仙与唐僧成就姻缘。在古代志怪小说中，各类精怪、鬼仙总与风月逸事相关，露水情缘十分常见，杏仙也不例外。即使荆棘岭上的妖精看上去都是仙风道骨，并无害人之心，本质上仍旧遵循着精怪摄人那一套。

后来徒弟们找到了谈诗作赋的地方，眨眼间众精怪就消失不见了。日出天明，他们这才看清，此处是一方石崖，崖上刻着“木仙庵”三个字，松、柏、桧、竹等树木静立其间，最终都被八戒的钉耙拱倒。

龟兹国

库车四首（其一）——易寿崧

由来此地号龟兹，大汉曾驱十万师。
远戍不闻前日鼓，披荆重觅古时碑。
垂柳夹道斜遮户，野水无声曲抱池。
已见车书遵异俗，笑人犹作虎头痴。

龟兹国在《大唐西域记》中写作屈支国，是一个东西一千多里、南北六百多里的西域大国。当地物产丰富，尤其多铁矿，在汉代就非常有名。班超曾说：“若得龟兹，则西域未服者百分之一。”伴随着丝绸之路的开辟与中原向西域驻兵，龟兹国作为连接古印度、古希腊、古波斯以及古代中国诸多文明的枢纽，创造出灿烂而独特的文化。

龟兹很早便开始信奉佛教，传播佛教的杰出人物鸠摩罗什便诞生在这片土地上。龟兹人笃信佛教，供养寺庙和僧侣，而且大规模地开凿石窟，创作了无数雕塑与壁画。

龟兹人尤擅乐舞，著名的龟兹乐流传到大唐，与本土音乐相互交融，著名的敦煌飞天便是龟兹舞的典型代表，有一些龟兹乐器、乐章、舞蹈等现在还保留在日本、朝鲜、印度、越南、缅甸等国家的传统乐舞中。

作为西行路上佛教气氛最为浓厚的国家，黄眉老佛的小雷音寺最适合设立在此。实际上，玄奘的目的地是印度的那烂陀寺，“那烂陀”的意思是施无厌，即无限的奉献，代表着佛教的精神。雷音寺的名称来自“佛音说法，声如雷震”的含义，在佛经中，佛祖论道常被形容为“雷声”“霹雳”“狮子吼”等，比喻对人心灵的震动。在我国，确实存在以“雷音”命名并保留至今的寺庙。

外貌

蓬着头，勒一条扁薄金箍；光着眼，簇两道黄眉的竖。悬胆鼻，孔窍开查；四方口，牙齿尖利。穿一副叩结连环铠，勒一条生丝攒穗绦。脚踏乌喇鞋一对，手执狼牙棒一根。此形似兽不如兽，相貌非人却似人。

洞府

小雷音寺。

法宝

金铙：坚不可摧，上下两部分相合可以封锁他人，被锁之人三昼夜之内化为脓血。

人种袋：形似一个白布褡包，抛出便能装人。

兵器

狼牙棒：敲磬的槌儿所化。

四十四 黄眉老佛

◎出处 《西游记》第六十五回至第六十六回

◎原形 弥勒佛座下黄眉童子

故事梗概

黄眉老佛原本是弥勒佛座下的司磬弟子，趁弥勒外出偷了法宝，跑到取经路上，变化出一座小雷音寺，自己化身为如来佛祖，他手下的小妖则变成了满座罗汉金刚。

唐僧肉眼凡胎看不出真假，见到“雷音寺”三个字倒头就拜，以为到达了目的地，可以完成使命。孙悟空心存怀疑，很快发现是妖物假冒，但还没等他抡开金箍棒，就被一副金铙锁住，无论他如何在内踢打，也不能脱身。

好在众护法神请来了二十八星宿，其中亢金龙将自己头顶的角变得如针尖一样细，从金铙的缝中穿了进去。但这金铙十分神奇，即使穿入的角变大，上下两部分仍能紧紧贴住，仿佛是长在角上面的皮肉一样。孙悟空只好把自己缩小如一粒芥子，在亢金龙的角尖钻了一个小孔，藏身其中，星君费尽力气终于拔出了角，如此才将孙悟空带出了金铙。

脱身之后，悟空一气之下用金箍棒将金铙打得粉碎，又带着众星宿围杀妖魔。黄眉老佛浑然不惧，使一根狼牙棒力战众神，即使没了金铙，他还有别的法宝。只见他从腰间解下一条旧白布褡包，往天上一抛，瞬间将孙悟空、二十八星宿、五方揭谛等众神全都装了进去。

这个白布褡包其实是弥勒佛的法宝——人种袋。虽然孙悟空请来了真武大帝座下的龟蛇二将与五大神龙、国师王菩萨的徒弟小张太子和四大神将，但任凭他们武艺如何出众，也逃不过人种袋的法力。

所幸弥勒佛主动现身，告诉悟空这个黄眉老佛的来历。他使用的兵器狼牙棒，原是敲磬用的乐槌。因为忌惮黄眉老佛有人种袋在手，弥勒佛与悟空并不与他正面交锋，而是变化出一片瓜田，引诱黄眉吃下悟空变成的熟瓜，在他腹中作怪，终于让他认输投降。

蟒蛇精

四十五

◎出处　《西游记》第六十七回

◎原形　红鳞大蟒

故事梗概

唐僧一行离开了小雷音寺，又向西行进数月，遇见了一座七绝山。山的西面有一片稀柿衕，路上堆满了落下来的柿子，腐臭难闻，因此无人敢过。唐僧师徒在驼罗庄借宿，听说当地有一个妖怪肆虐，常来庄上吞吃人或牲畜，请来的法师道士无人能降。

正说着，妖怪便乘着妖风而来。只见天昏地暗中，有两盏“灯笼”亮得吓人，那正是妖怪的两只眼睛。孙悟空和猪八戒看不清风中的妖怪形貌，还以为他法术高强，使一条长枪，实际上这只是一条未成人形的红鳞大蟒在甩着尾巴应战。

这条蟒蛇虽然体形巨大，但未通人性，不会说话，很快便败下阵来，逃回七绝山。没过多久就被师兄弟二人追上，最终死在了孙悟空的棒下。

外貌

眼射晓星，鼻喷朝雾。
密密牙排钢剑，弯弯爪曲金钩。
头戴一条肉角，好便似千千块玛瑙攒成；
身披一派红鳞，却就如万万片胭脂砌就。
盘地只疑为锦被，飞空错认作虹霓。
歇卧处有腥气冲天，行动时有赤云罩体。
大不大，两边人不见东西；
长不长，一座山跨占南北。

洞府

七绝山。

外貌

幌幌霞光生顶上，威威杀气迸胸前。口外獠牙排利刃，鬓边焦发放红烟。嘴上髭须如插箭，遍体昂毛似迭毡。眼突铜铃欺太岁，手持铁杵若摩天。

洞府

麒麟山獬豸洞。

法宝

三个金铃：摇晃第一个，有三百丈火光烧人；摇晃第二个，有三百丈烟光熏人；摇晃第三个，有三百丈黄沙迷人。

兵器

铁杵。

四十六 赛太岁

出处 《西游记》第七十回至第七十一回

原形 金毛犼

故事梗概

三年前，赛太岁从朱紫国抢走了国王的金圣宫娘娘，但金圣宫有仙人张紫阳赠的五彩仙衣护体，浑身如同长刺一般，令赛太岁无法亲近。于是赛太岁派人屡次前往朱紫国讨要宫娥，借口服侍娘娘，其实都杀死了，还吓得朱紫国国王重病缠身。幸好唐僧一行路过，孙悟空揭了皇榜，治好了国王，并受托去营救金圣宫娘娘。

孙悟空变化成赛太岁的心腹小校有来有去的样子，带着国王的信物接近金圣宫，问出了赛太岁法宝的厉害，随即让金圣宫假意对妖怪示好，自己伺机偷走金铃，变了一副假的，放回赛太岁身边。得手以后，孙悟空上门挑战，与妖怪大战一场，赛太岁意图以法宝取胜，不料法宝早已易手，孙悟空手里的金铃才能放出烟火黄沙，赛太岁只能认输。

观音菩萨在此刻赶到，用净瓶中的甘露熄灭烟火。她告诉悟空，赛太岁是她的坐骑金毛犼所化，因为朱紫国国王曾用弓箭射杀了孔雀明王的一对子女，明王便要他失偶三年，作为惩戒。所以观音菩萨让自己的坐骑变成妖怪，既能完成孔雀明王菩萨的惩戒，又能作为唐僧西行路上的劫难。那三个金铃，就是挂在金毛犼项上的铃铛。

洞府

麒麟山獬豸洞。

春娇

四十七

◎出处 《西游记》第七十一回

◎原形 玉面狐狸

故事梗概

春娇是一只玉面狐狸，自从金圣宫娘娘被掳劫至獬豸洞，赛太岁便安排了一众妖狐、妖鹿服侍她，春娇就是其中之一。孙悟空请金圣宫假意亲近赛太岁，趁机偷走了他的法宝金铃。然而他好奇心太重，扯出了塞住铃口的棉花，弄得烟火黄沙到处飞溅。悟空无法将法宝复原，只好逃走。

一计不成，孙悟空只好请金圣宫故伎重施，让她灌醉赛太岁。金圣宫随即唤来春娇，让她带领小妖们点起纱灯，焚起脑麝，提着灯笼去请赛太岁。孙悟空悄悄拔下一根毫毛，变成一只瞌睡虫，使得春娇困倦难耐，倒在地上。悟空便替换成她的模样，为赛太岁的酒宴执壶倒酒，又变出虱子和臭虫放在他身上，借口让他宽衣捉虫，顺理成章地接过了他递过来的三个金铃。

洞府

麒麟山獬豸洞。

外貌

五短身材，扢挞脸，无须。担着黄旗，背着文书，敲着锣儿。

四十八 有来有去

出处 《西游记》第七十回

原形 蛤蟆

故事梗概

因为先锋被孙悟空打死，赛太岁一怒之下，派遣小妖有来有去前往朱紫国，给国王下战书，途中正好碰上变作道童的孙悟空。有来有去是个实心眼，把赛太岁下战书的来龙去脉说得一清二楚，还自己念叨着：“我大王使烟火飞沙，那国王君臣百姓等，莫想一个得活。那时我等占了他的城池，大王称帝，我等称臣——虽然也有个大小官爵，只是天理难容也！”

孙悟空虽然心里暗暗赞他是个有好心的妖怪，却在背后一棍打死了他，抢下了他的牙牌。牙牌上写着：“心腹小校一名，有来有去。五短身材，扢挞脸，无须。长川悬挂，无牌即假。”有了牙牌，孙悟空立即变成有来有去的模样，混入了妖怪的洞府。

姑墨国与大清池

乌什——曹麟开

戍士无劳夜枕戈，
永宁城外散鸣驼。
东回姑墨千峰雪，
南下于阗九折河。
五翕侯仍招旧部，
二昆弥已靖沙陀。
吹鞭争唱天鹅曲，
不数摩诃兜勒歌。

经由龟兹国往西行六百多里，穿过小沙碛，就到达了姑墨国。姑墨又称亟墨，在《大唐西域记》中写作跋禄迦国。

这里的土质气候、人情风俗、文字语法都与龟兹国相同，只是语言习惯存在稍微的差异。姑墨国的西北面是凌山。此山终年积雪，山路崎岖难行，时常有暴风为害。据传此地有“恶龙”潜伏，行人不得穿红褐色的衣物，不得携带瓠瓜，不得大声喧哗，否则就会引来狂风沙尘，落石如雨，断送性命。玄奘一行人进山七天，因无一处干燥之地可供扎营，只能在冰上做饭和就寝，将近一半的同伴冻死了，死去的牛马则更多。

凌山山中有一方大清池，方圆一千多里，波涛汹涌，汪洋无际。大清池也叫热海、咸海，因为它在凌山中不曾封冻而得名，并非因为其水温较高。其中鱼龙杂处，传说有灵怪出没，往来的行人都要向水中的灵怪祈祷，才能安然无恙。

在《西游记》中，七个蜘蛛精居住的地方如同世外仙境。她们洗浴的水池是一个天然温泉，叫作濯垢泉，原本是天上七仙姑的浴池，却被这群妖怪占领。七仙姑的性情温和，就此将泉水让给了蜘蛛精们，从此下界的妖精便顶替了七仙姑的名号，在这片仙境居住下来。

洞府

盘丝岭盘丝洞。

外貌

又听得呀的一声，柴扉响处，里边笑语喧哗，走出七个女子。行者在暗中细看，见他一个个携手相挽，挨肩执袂，有说有笑的，走过桥来，果是标致。但见：比玉香尤胜，如花语更真。柳眉横远岫，檀口破樱唇。钗头翘翡翠，金莲闪绛裙。却似嫦娥临下界，仙子落凡尘。

七仙姑

四十九

◎出处 《西游记》第七十二回至第七十三回

◎原形 蜘蛛

故事梗概

春日气候温暖，师徒几人在路途中休息，唐僧突然看见前方不远有一处人家，于是主动请缨，自己带着紫金钵盂前去化斋。在那屋舍篱笆内的七个美貌女子，四个在窗下刺绣，三个在院中蹴鞠，虽然看上去与寻常人家无甚差别，实际上她们都是蜘蛛变化而来的。她们居住的府邸只有前边是茅屋园舍，后面则是岩石洞窟，一切桌椅设施都是石质，四处鬼气森森，阴寒可怖。

唐僧认不出妖精，向她们化缘。蜘蛛精便用人肉布施，把唐长老吓得心胆俱裂，但为时已晚。七个女妖露出真面目，将他绑缚起来，并解开她们上身的罗衫，露出肚腹，腰眼中冒出的丝线有鸭蛋那么粗，如同迸玉飞银，结成大网，瞬间就将洞府包裹起来。

不见了师父，孙悟空在土地神的指引下找到了蜘蛛精洗浴的濯垢泉，变成老鹰掠走了她们的衣服，让八戒去打杀她们。八戒过于莽撞，没能取妖怪性命，让她们跑回了妖洞。蜘蛛精吃了亏，心有不甘，于是召来七个义子为她们报仇。

可惜义子们出师不利，孙悟空变化出的禽鸟将他们通通吞吃，随后救出唐僧，放火烧了盘丝洞。蜘蛛精无处安身，只好前往黄花观，投奔她们的师兄——百眼魔君。

蜜

五十

◎出处 《西游记》第七十二回

◎原形 蜜蜂

故事梗概

蜘蛛结网是为了捕捉猎物，蜘蛛精的大网曾经捕捉到七个小妖，都是虫豸变化而来的，分别是蜜蜂、马蜂、蠦蜂、斑蝥、牛虻、白蜡虫与蜻蜓。为了活命，七个小妖愿意认七个蜘蛛精为义母，以免被蜘蛛吞吃。

七仙姑

出处 《西游记》第七十二回至第七十三回

原形 蜘蛛

五十一

洞府 盘丝岭盘丝洞。

蚂

◎出处　《西游记》第七十二回

◎原形　马蜂

五十二

故事梗概

拜蜘蛛精为母以后，七个小妖率领虫群，春采百花，夏寻诸卉，以奉养七仙姑，可谓既殷勤又周到。听说义母在两个和尚手下吃亏，失了颜面，七个小妖气愤不已，个个摩拳擦掌，要为母亲报仇雪恨。

蠦

出处 《西游记》第七十二回

原形 蠦蜂

五十三

五十四

七仙姑

出处 《西游记》第七十二回至第七十三回

原形 蜘蛛

洞府 盘丝岭盘丝洞。

故事梗概

蠦蜂这个名称较为生僻，不知是指何种虫豸。蟑螂古时被称为“蠦蜚”，而“蠦”字本义也是蟑螂，因此蠦蜂或许就是指蟑螂这种昆虫。

七仙姑

五十五

◎出处 《西游记》第七十二回至第七十三回

◎原形 蜘蛛

洞府

盘丝岭盘丝洞。

五十六

班

出处 《西游记》第七十二回

原形 斑蝥

故事梗概

孙悟空本以为猪八戒能将女妖全部杀死，谁知道蜘蛛精们不仅逃跑，而且用丝绳罩住了八戒，绊得他摔了好几个跟头，好不容易才回到师兄弟身边。悟空大喊不好，妖怪脱逃，一定会回洞府伤害师父，必须尽快去救他。八戒牵着马，跟在后面，便见到洞府前的石桥上站着七个小怪。

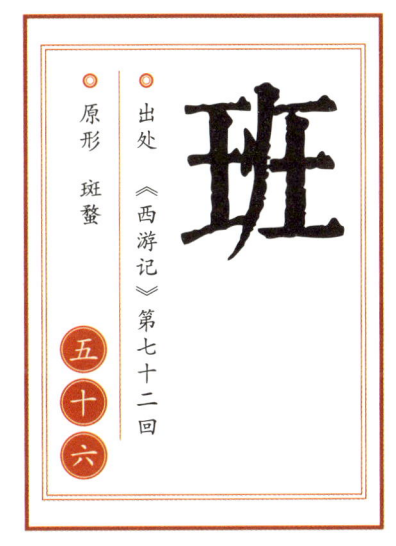

七仙姑

五十七

出处 《西游记》第七十二回至第七十三回

原形 蜘蛛

洞府

盘丝岭盘丝洞。

蜢

出处 《西游记》第七十二回

原形 牛虻

五十八

故事梗概

八戒一看这些小怪都是小人模样，长不过三尺，重不过八九斤。他们手舞足蹈地冲上来，围着猪八戒一通乱打。他们的身形既小巧又灵活，八戒被惹急了，发狠心举起钉耙四下乱筑。小怪们见他凶恶，一时难以战胜，于是纷纷现出本相，飞起来，变化出无数分身。须臾间，一个变十个，十个变百个，百个变千个，千个变万个，个个都变成无穷之数。

五十九

七仙姑

出处 《西游记》第七十二回至第七十三回

原形 蜘蛛

洞府

盘丝岭盘丝洞。

蜡

◎出处 《西游记》第七十二回

◎原形 白蜡虫

六十

故事梗概

满天飞抹蜡，遍地舞蜻蜓。
蜜蚂追头额，蠦蜂扎眼睛。
班毛前后咬，牛蜢上下叮。
扑面漫漫黑，翛翛神鬼惊。

七种虫豸的分身数量太多，黑压压遮天蔽日，往猪八戒扑去，叮得他浑身上下都是肿包。八戒束手无策，只好向大师兄求助。

七仙姑

六十一

出处 《西游记》第七十二回至第七十三回

原形 蜘蛛

洞府 盘丝岭盘丝洞。

蜻

出处 《西游记》第七十二回

原形 蜻蜓

六十二

故事梗概

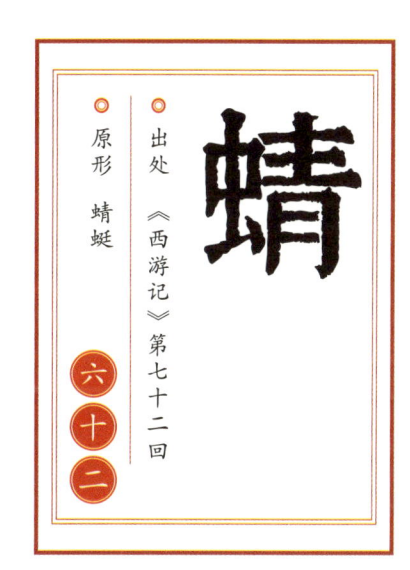

孙悟空拔下一撮毫毛，放在口中嚼碎，喷到空中，化作黄鹰、麻鹰、鹞鹰、白鹰、雕鹰、鱼鹰、鹞鹰七种鸟类，漫天飞舞，捕捉飞虫，很快就把虫群捉尽。

兵器

宝剑。

洞府

黄花观。

外貌

戴一顶红艳艳戗金冠；
穿一领黑淄淄乌皂服；
踏一双绿阵阵云头履；
系一条黄拂拂吕公绦。
面如瓜铁，目若朗星。
准头高大类回回，唇口翻张如达达。
道心一片隐轰雷，伏虎降龙真羽士。

百眼魔君

六十三

◎出处 《西游记》第七十三回

◎原形 蜈蚣

故事梗概

百眼魔君又称多目怪，平日在黄花观炼丹制药，做道士打扮。唐僧师徒叩门投宿，百眼魔君起初也以礼相待，奉茶供斋。但在后堂的蜘蛛精们认出他们就是自己的仇家，于是串通师兄，把剧毒下在红枣中，放进茶碗内，骗唐僧师徒喝下。唐僧、八戒、沙僧不知情，都喝了茶，只有孙悟空行事谨慎，没有喝茶。悟空见师父和师弟中毒倒下，便知道是百眼魔君的计策，随即举起金箍棒，与他战斗。

七仙姑出来助阵，纷纷死在孙悟空棒下。只有百眼魔君在危急关头忽然扯开衣袍，两肋之下有一千只眼睛，全都迸射出金光。齐天大圣被困在一片金光黄雾之中，晕头转向，不知如何逃生，最终变成一只穿山甲钻入地下，挖地道跑出二十里，总算离开了金光笼罩的范围。

孙悟空自知敌不过百眼魔君的法术，正一筹莫展之际，黎山老姆变成一位妇人前来指点他，告诉他千里之外有座紫云山，山中住着毗蓝婆菩萨，是昴日星官的母亲，可以襄助他降服妖怪。悟空随即前去拜见。毗蓝婆取出一根绣花针，是从昴日星官的眼中炼成，往空中一抛，便飞去破了百眼魔君的金光，刺瞎了他的眼睛。随后毗蓝婆取药救醒了中毒的唐僧三人，带着百眼魔君回紫云山去了。

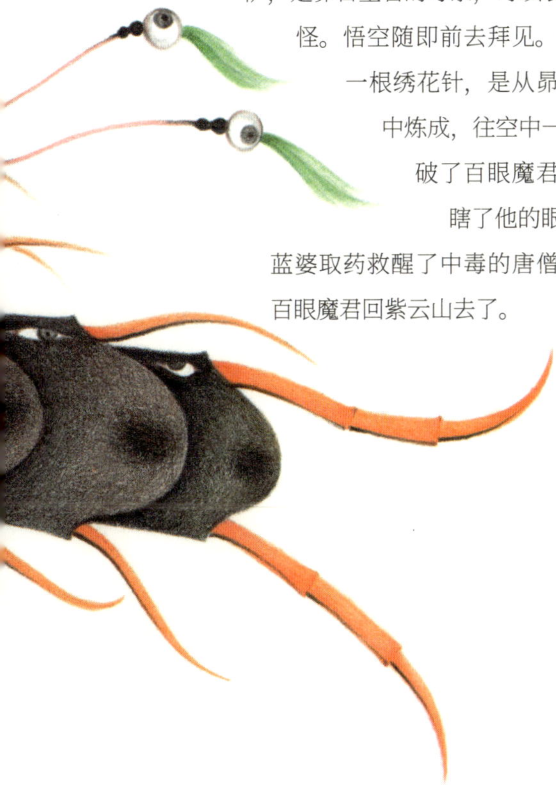

碎叶城

塞上曲——戎昱

胡风略地烧连山，
碎叶孤城未下关。
山头烽子声声叫，
知是将军夜猎还。

碎叶城也叫作素叶水城、素叶城、小叶城，因其临近的河流素叶水而得名。它位于大清池西北五百多里处，占地方圆六七里，其中各国商贩杂处，是一处交通要塞。当地气候寒冷，少树多风，居民大多穿着兽毛制作的毡子和粗麻布来御寒。城池以西林立着几十座城市，城市之间相互隔绝，有各自的君主或酋长，虽然相互之间并不臣服，却共同受到突厥的控制。

在这里，玄奘见到了突厥的叶护可汗。叶护可汗在外游猎，随行兵马极多。他命令下属先行将玄奘带往衙帐，三天后才接见。突厥人崇拜火焰，因为木器含火，所以不坐木器。可汗与诸多官员都直接坐在地面铺设的毯子上，但为照顾唐人的习惯，给玄奘设置了一张铁交床。玄奘为这些突厥贵人讲解佛法善业，叶护可汗对此很有兴趣，希望法师能就此留下。但玄奘求法志向坚定，叶护可汗便同高昌国王一样，给各国君王写了国书送去，并给玄奘找来一位通晓汉语及西域各国语言的翻译。

离开碎叶城后，玄奘一行很快就到达了康国。康国是汉译名，原作飒秣建国。此国的国王与百姓都不信佛法，而是崇尚拜火教。国内仅有两座佛寺，然而其中并无僧侣，一旦有外来僧侣投宿，寺里的胡人就举起火把前来驱逐。

玄奘向国王讲述了人天因果、佛法功德，国王的态度逐渐转变，由怠慢转为敬重，并严惩了举火烧寺的人。

就如《三藏法师传》记载的上述过程一样，《西游记》中的狮驼国章节也十分凶险。经过神话处理之后，为难唐僧的不是异教凶徒，而是真正的妖怪。青狮、白象两个妖王率领着四万八千小妖占据了狮驼岭，而“三大王”金翅大鹏雕已在五百年前将狮驼国内的所有人类都吞食殆尽，只剩下满城的妖怪，充作贩夫走卒、居民百姓。这场面将孙悟空都吓得跌在地上，挣挫不起。

洞府

狮驼岭狮驼洞。

小钻风

六十四

出处 《西游记》第七十四回

原形 老鼠

故事梗概

唐僧一行路过狮驼岭时，便有太白金星变化的老叟报信，告知他们山中有一伙妖怪，势力十分强大。为首的三个妖王神通广大，交游遍布三界，天上的星君、灵山的罗汉、四海的龙王、地府的阎罗都对他们礼敬三分。孙悟空心气高，不把妖魔放在眼里，但唐僧和师弟们都被老叟所说的四万八千小妖吓坏了，悟空只好先行一步，探探山路。

很快山间便转出一个巡山的小妖，扛着一杆令旗，腰间悬着铃铛，挂着牌子，一面刻着“威震诸魔”，一面写着“小钻风”。他手里敲着梆子，口中还念念有词：“我等巡山的，各人要谨慎提防孙行者，他会变苍蝇！”孙悟空心中疑惑，这伙妖怪从来没见过他们师徒，怎么知道他的名字，还知道他有变化的法术？于是他变得和那个小妖一模一样，也有一块牌子，正面写着“总钻风”。

孙悟空骗过小妖，让四十个巡山小妖聚在一起，将他当作长官，把洞府内的消息、三个妖王的本事全都说了出来。悟空趁机打死了小钻风，冒名顶替混入妖洞，先以言语恫吓外门的小妖，直接吓散了八千小兵，随后又深入洞府，面见妖王。

青狮

六十五

出处 《西游记》第七十五回至第七十七回

原形 青狮

洞府 狮驼岭狮驼洞。

故事梗概

狮驼岭的妖怪不同于其他妖洞的乌合之众，在山间有数万小妖列队操练，屯营森严；洞口骷髅堆叠，骸骨如林，到处是尸山血海；穿过三层门洞，才到正殿，三个妖王端坐在上，两边列着一百多个大小头目，个个甲胄整齐，杀气腾腾，俨然是等级严格、秩序分明的一个小王国。

青狮作为狮驼岭的第一妖王，不仅来历不凡，在下属当中还流传着一段威风往事。传说他因为蟠桃大会不曾请他，一口将十万天兵全都吞下，吓得天兵天将不敢交战。然而这头青狮在书中不是首次出场，在乌鸡国假国王的故事中，便是他奉文殊菩萨的命令，前去报复国王的。也许是因为他曾与孙悟空交过手，知道厉害，因此劝说二位兄弟，还是不要打唐僧肉的主意了。

在武艺上，青狮不是孙悟空的对手。孙悟空站着不动，任由青狮在他头上连砍三刀，才砍第二下，刀身就断成了两半。青狮心知战不过，干脆现出原形，张开血盆大口将孙行者一口吞下。大家都知道，凡是将孙悟空吞下肚的妖怪，都会反被悟空打伤五脏六腑，疼痛难忍，哀告饶命。青狮大王也是一样，只能答应规规矩矩地送唐僧过山，孙行者才放过他。

狮子是佛教的代表性动物之一，佛教里常将佛音比喻为“狮子吼”。古代中国并没有狮子，只能在邻国的贡品中见到这种动物，因此狮子被视为珍贵的异兽，同时也被赋予了许多神奇的能力，例如镇宅、辟邪、驱魔等。至于青狮是如何成为文殊菩萨坐骑的，在另一本古代神魔小说《封神演义》中还有详细的描述。

外貌

凿牙锯齿，圆头方面。声吼若雷，眼光如电。仰鼻朝天，赤眉飘焰。但行处，百兽心慌；若坐下，群魔胆战。这一个是兽中王，青毛狮子怪。

铁额铜头戴宝盔，盔缨飘舞甚光辉。
辉辉掣电双睛亮，亮亮铺霞两鬓飞。
勾爪如银尖且利，锯牙似凿密还齐。
身披金甲无丝缝，腰束龙绦有见机。
手执钢刀明晃晃，英雄威武世间稀。

法宝

阴阳二气瓶：内有七宝八卦、二十四气，可以把对手装进瓶中，一时三刻内化为浆水。

兵器

钢刀。

兵器

长枪。

洞府

狮驼岭狮驼洞。

外貌

身高三丈，卧蚕眉，丹凤眼，美人声，匾担牙，鼻似蛟龙。凤目金睛，黄牙粗腿。长鼻银毛，看头似尾。圆额皱眉，身躯磊磊。细声如窈窕佳人，玉面似牛头恶鬼。这一个是藏齿修身多年的黄牙老象。

六十六

白象

◎出处 《西游记》第七十五回至第七十七回

◎原形 六牙白象

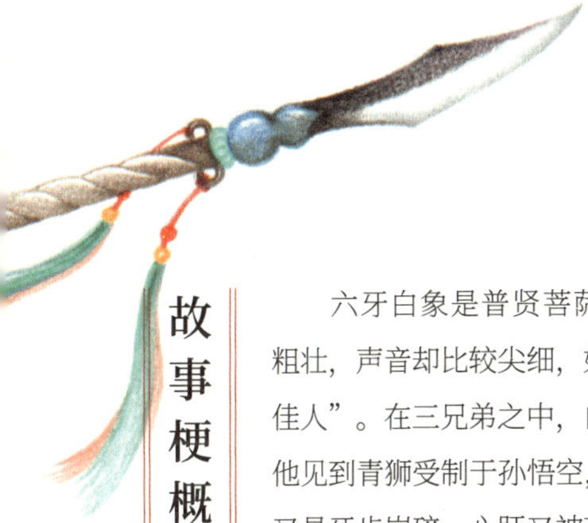

故事梗概

六牙白象是普贤菩萨的坐骑，外表粗壮，声音却比较尖细，如同一个“窈窕佳人”。在三兄弟之中，白象最讲义气。他见到青狮受制于孙悟空，又是腹痛难耐，又是牙齿崩碎，心肝又被毫毛变化的绳索牵引，步履维艰，不断倒伏在地，只能许诺亲自抬着轿子送唐僧过山的境遇，心中不忿至极，等孙悟空放开青狮，收回变成绳索的毫毛，便十分干脆地毁约，重整旗鼓来挑战悟空。

孙悟空见妖魔都讲究兄弟之情，便让二师弟八戒出战。八戒怕输，便在自己腰上系了一根绳子，如果败阵，就让大师兄把他拉回来。谁知悟空抛开了绳索，八戒在败逃时还被绊了一跤，被白象的长鼻子一卷，抓进了妖洞。白象满心以为得胜，要把猪八戒吃了庆功，谁知孙悟空悄悄救出了八戒，两兄弟同心协力战胜了妖怪。大师兄揪住白象的鼻子，二师兄倒持钉耙，用柄在后抽打，如同驯养大象的人一般，将白象牵到唐僧面前。白象为求活命，答应为唐僧抬轿，送他离开狮驼岭。

象在印度传统文化中也是十分吉祥的动物，印度教中的象头神代表了智慧和成功，受到大众的崇拜。释迦牟尼诞生时，他的母亲曾梦见一头白象闯入她腹中，于是便在花园中生下了释迦牟尼。作为普贤菩萨的坐骑，六牙白象的六根象牙代表六种清净，四足代表四种功德，加上象本身象征的长寿、智慧和吉祥，与普贤菩萨所代表的遍及、大德等崇高品质保持一致，相互辉映。

兵器

方天画戟。

洞府

狮驼城。

外貌

金翅鲲头，星睛豹眼。
振北图南，刚强勇敢。
变生翱翔，鷃笑龙惨。
抟风翮百鸟藏头，
舒利爪诸禽丧胆。
这个是云程九万的大鹏雕。

云程万里鹏

六十七

◎出处　《西游记》第七十五回至第七十七回

◎原形　金翅大鹏雕

故事梗概

云程万里鹏称得上是《西游记》中背景最高贵的妖怪，论辈分，如来佛祖都得称呼他一声舅舅。这是因为大鹏与孔雀都是凤凰的后代，而孔雀曾吞下佛祖，后被他剖开背脊而出。诸佛有好生之德，佛祖又曾在孔雀腹中，如同母亲怀胎一般，因此将孔雀尊为佛母，成就了孔雀明王。大鹏鸟作为孔雀的兄弟，自然是佛祖的舅舅了。

在狮驼岭三大妖王之中，大鹏雕的本事最大，也最为狠辣，不仅五百年前便把狮驼城内的人类全部吃光，而且在孙悟空变成小钻风混入妖洞的时候，也是他发现了破绽，抓住了悟空，把他扔进阴阳二气瓶内。幸亏悟空用观音菩萨送的三根救命毫毛变成金刚钻，打通了瓶身，逃出生天。

后来青狮与白象出师不利，都败在孙悟空的棒下，只能认输投降，抬着轿子送唐僧越过狮驼岭。大鹏鸟便出了个主意，让小妖组成长长的护送队伍，把悟空等人与唐僧隔开，等到了狮驼城的门口，突然发动偷袭，三个妖王对上三个师兄弟，小妖则趁乱掳走唐僧。这一招果然奏效，就连神通广大的孙悟空都不是大鹏鸟的对手，师徒四人全都被抓，而且还被架上了蒸笼。所幸悟空的元神出窍，召来北海龙王护住了他们，才不至于丧命。

最终，悟空亲到灵山，请来了如来佛祖。佛祖带着文殊、普贤二位菩萨，收服了自己的坐骑青狮与白象，而大鹏鸟也被如来带回了西方。

云程万里鹏的形象来源于印度神话中的迦楼罗，是天龙八部之一，翻译到汉语中有金翅鸟、大鹏鸟等不同表达。传说迦楼罗为人形鸟翼，飞行能力极强，传入中国后与另一个神话形象——《逍遥游》中翼若垂天之云的鹏发生了融合，于是民间常称之为金翅大鹏雕。在印度神话中，迦楼罗每天要吞吃五百条毒龙，后因毒素累积而死，留下了一颗纯青的琉璃之心。

活国

遇五天僧入五台五首（其一）——贯休

十万里到此，辛勤讵可论。
唯云吾上祖，见买给孤园。
一月行沙碛，三更到铁门。
白头乡思在，回首一销魂。

离开康国之后，进入险恶的山路，行三百余里便是突厥的关塞——铁门关。这是古代中亚地区南北交通之要冲，因山石陡峭且富含铁矿，便以铁矿铸造城门，还悬挂了许多铁铸的铃铛，由此得名铁门关。

通过铁门关，就到了旧时吐火罗的国境，随后渡过缚刍河，便到达了活国。活国的君主之称是“设”，王后则依照突厥的习俗称为“可贺敦”。国王名叫呾度，是叶护可汗的长子，同时是高昌王麴文泰的妹婿。玄奘带来了高昌王的书信，令丧妻又卧病的呾度心神振奋，病情有所好转。

然而，呾度新娶的一位年轻美貌的可贺敦，勾结了呾度在娶高昌王妹之前所生的儿子特勒，用药毒杀了呾度。高昌公主之子年纪太小，被兄长特勒篡位，特勒还娶后母为妻。玄奘不愿卷入王室斗争之中，为呾度设的葬礼停留了一月后，便匆匆离开。

或许在玄奘看来，活国之主呾度的殒命祸起于那个年轻美貌的王后。而在《西游记》中，比丘国的国王也沉湎于美色难以自拔，就此被妖魔所惑，竟命令全国的百姓献出小孩，养在门前的鹅笼里，准备挖心肝入药。

外貌

形容娇俊，貌若观音。

洞府

柳林坡清华洞。

六十八

美后

出处 《西游记》第七十八回至第七十九回

原形 白面狐狸

故事梗概

三年前，有一位老道人带着一个十五六岁的美丽少女到达比丘国。比丘国王一见少女便为她痴迷，将其册封为美后，从此宠爱奉承，言听计从。而那位老道则被封为国丈，他向国王献上延年益寿的秘方，便是要用一千一百一十一个小孩的心肝入药。国王既昏聩又残忍，下令每户人家选出一个孩子，放在鹅笼里，挂在门前，只等宫中派人取用。

唐僧师徒听说了此事，又是气愤，又是不忍。孙悟空施法刮起一阵大风，将所有装着孩子的鹅笼都卷到了城外，令城隍、土地等小神守护，等到他们驱除妖魔后再将孩子送回来。次日唐僧上殿面见国王，请他在通关文牒上盖印。国王神智昏沉，反应迟钝，只对国丈的话奉若神明，便可知国王已经受到妖怪的控制。

原本美后并未涉及朝堂上的事，然而国丈看中了唐僧十世修行的功德，要挖出他的心肝来吃。在孙悟空扰乱之下，事情败露，国丈在逃离之际，还未忘记带上后宫中的美后。可惜美后只是山野中修炼成精的白面狐狸，与天庭、灵山都没有关联，在国丈被收服之后，她就失去了靠山，最终被猪八戒一钉耙打死了。在这个故事中，美后只是一件容颜端丽的工具，为了国丈许诺的长生不老而接受他的利用，甚至连一句台词都没有。

国丈

出处 《西游记》第七十八回至第七十九回

原形 白鹿

六十九

故事梗概

国丈的真身是南极仙翁的坐骑——鹿。在传统文化中，鹿是长寿的象征。《抱朴子》记载：“鹿寿千岁，满五百岁则白。”因此白鹿在古代是象征祥瑞的动物。有些种类的鹿会在冬天换角，古人认为这是一种再生的神力。《本草纲目》认为鹿能辨别草药，如果受了伤可以自行寻找药物治疗。由于鹿如此灵慧，其形象便常与仙人相伴出现。

可惜的是，故事中的白鹿是一个残忍暴戾的妖怪，以美女迷惑比丘国国王，使他日益颓靡，深信自己得了怪病，又用所谓的“海外仙方”控制国王，让国王下令献出孩童，以此来达成国丈自己长生不老的企图。当唐僧到来，国丈立即打起了他的主意，要求国王挖出唐僧的心肝煎药。谁知孙悟空早有准备，自己变成唐僧的模样来到国王面前，用刀剖开胸膛，滚出一堆心脏。他有模有样地数了一遍，就是没有国丈要的“黑心”。国王惊恐不已，悟空便现出本相，举棒要打国丈。国丈见事情败露，立即带着美后逃走。

孙悟空从国王口中问出国丈自称家住柳林坡清华庄，但柳林坡上只有一个清华洞，需要在一棵成了精的大杨树下左转三圈，右转三圈，大喊开门，洞才会出现。孙悟空根据土地神的指示找到妖洞，追击妖怪。正要下杀手时，寿星老人突然出现，说出国丈的身份原是白鹿，偷走寿星的拐杖后下凡为妖，如今主人前来认领，悟空只好放过了他。

外貌

头上戴一顶淡鹅黄九锡云锦纱巾，
身上穿一领筋顶梅沉香绵丝鹤氅。
腰间系一条纫蓝三股攒绒带，
足下踏一对麻经葛纬云头履。
手中拄一根九节枯藤盘龙拐杖，
胸前挂一个描龙刺凤团花锦囊。
玉面多光润，苍髯颔下飘。
金睛飞火焰，长目过眉梢。
行动云随步，逍遥香雾绕。
阶下众官都拱接，齐呼国丈进王朝。

洞府

柳林坡清华洞。

兵器

盘龙拐。

鼠壤坟

羲和傥中天，
六合无氛埃。
鼠壤与蚁穴，
不风当自摧。

避地山谷——邓肃

于阗国有一个传说。在王城以西一百五六十里的地方，布满了丘陵，那些丘陵叫作鼠壤坟，其中生活着一些长有金色、银色皮毛，刺猬一般大小的老鼠，是鼠中之王。当匈奴的大军将要攻打瞿萨旦那国的时候，国王无处求助，只好举行祭祀，祈求沙碛中的鼠王展示神迹，果然有一大鼠在国王的梦中许诺："只要国王在黎明时分出战，定能取得胜利。"

于是瞿萨旦那王率领将士，在天亮之前突袭敌军。匈奴大军措手不及，待要披挂应战时，发现所有的马鞍、衣服、弓弦、甲链，只要是系物用的带子，全都被老鼠们咬断了。就这样，瞿萨旦那国赢得了胜利，从此，上自君王、下至百姓，全都心悦诚服地膜拜这些沙碛中的鼠壤坟。

老鼠擅长打洞，人们不由得幻想着它们打造了发达的地道网络，形成一个奇异的地下世界。在《西游记》中，地涌夫人就是一只老鼠精。她的洞府名为陷空山无底洞，广三百余里，宽阔处明亮秀美，花木繁茂，可以建造屋舍；狭窄处幽深黑暗，能够躲避敌人，是一个隐藏在地下的神奇洞天。

地涌夫人

七十

◎ 出处　《西游记》第八十回至第八十三回

◎ 原形　金鼻白毛老鼠

洞府 陷空山无底洞。

兵器 双股剑。

故事梗概

地涌夫人也叫作半截观音，故而穿着打扮上靠近佛门，手持双剑，形如鼠尾。她原本是一只金鼻白毛老鼠，三百年前在灵山偷吃了如来佛祖的香花宝烛，由此成精，后被托塔天王父子领兵捉拿。托塔天王本着佛门的慈悲之心，饶了她的性命。她为了报恩，就将托塔天王认作父亲，认哪吒太子为义兄。

她先变作一个弱女子，假称自己被强盗掳劫，绑在树上，请唐僧师徒解救，随后跟着他们住进一座禅院，趁夜诱来寺里的人吃掉，一连三天，有六名僧人只剩下白骨和衣袍。悟空察觉此事，变作一个小和尚故意坐在佛殿里念经，等妖怪露出马脚，便现出本相来擒拿她。二人战斗一番，地涌夫人用一只绣花鞋变作自己的替身，骗过了孙悟空，自己则趁机掳走了唐三藏。

孙悟空在山间打探一番，就是找不到妖怪的洞穴，好不容易见到两个打水的女妖，这才打探出无底洞洞口的位置。那是山脚下一个缸口大的地洞，上面有一座五彩牌楼作为标志。孙悟空变成一只小虫潜入妖洞，这个地洞绵延三百多里，错综复杂。

第一次进入无底洞，悟空虽找到了师父，并逼迫妖精将唐僧驮出洞口，但老鼠精故伎重施，又用鞋子变成替身，再次抓回了唐僧。第二次进入无底洞，悟空已经找不到妖精的踪迹，却发现她供奉着托塔天王和哪吒太子的金字牌。有了这些证据，孙悟空立刻找来托塔天王父子，他们带领天兵天将，扫平妖洞，救出了唐僧，将地涌夫人押上天庭受审去了。

外貌

发盘云髻似堆鸦，身着绿绒花比甲。
一对金莲刚半折，十指如同春笋发。
团团粉面若银盆，朱唇一似樱桃滑。
端端正正美人姿，月里嫦娥还喜恰。

迦毕试国

白雪歌送武判官归京——岑参

北风卷地白草折，胡天八月即飞雪。
忽如一夜春风来，千树万树梨花开。

迦毕试国国境长四千多里，北靠大雪山，其余三面均环绕着黑岭，气候寒冷多风，居民大多身穿厚实的毛皮衣物。当地使用吐火罗的文字，但语言与风俗很不相同。国王属于刹帝利种姓，周边有十几个国家都受他的统辖。

这里除了佛教僧徒之外，还有大量信仰其他宗教的人，有的裸露形体，有的在额上涂灰，还有的将死人的头骨穿成花环的形状戴在头上。

都城外的北山下有一座质子伽蓝寺。相传在贵霜王朝时期，河西蕃王畏惧贵霜国迦腻色迦王的威势，遣送一子为质。这位质子得到了至高的礼遇，在迦毕试国、犍陀罗国等三地居住，并建立了三座寺庙，迦毕试国的质子伽蓝寺就是其中之一。

后来这位质子返回东土，仍旧不远万里将献祭的供品送往寺庙，数年不曾间断，因此当地的人们一直念念不忘，在重大的法会与节日都会为质子祈福。

在《西游记》的故事中，唐僧一行曾到达一个国家，名为灭法国。这里的国王发了一个大愿，要杀一万个和尚。佛教自东汉时期传入中国，除了作为宗教信仰外，在文化、生活等多个方面都产生了重大影响，但它的传播并非一帆风顺。在历史上曾出现过多个灭佛时期，例如北魏太武帝、北周武帝、唐武宗等帝王执政期间，都曾下令拆毁佛寺，诛杀佛门中人，或强迫和尚服役、还俗，等等。

为了教训灭法国国王，孙悟空令国王、王后、满朝文武、宫女宦官在一夜之间全部被剃成光头。国王这才悔悟，按照唐僧的指点，将“灭法国”改为“钦法国”，从此立下皈依之心。

灭法国的故事不仅从中国历史中获取灵感，或许还参考了印度阿育王的生平。阿育王也被称为无忧王，他的前半生穷兵黩武，不断发动战争，屠杀、俘虏了数十万人，可谓满手血腥。晚年他突然醒悟，笃信佛教，从此执政宽仁，减少杀生，形成了印度佛教发展的鼎盛时代，得到了“护法名王”的尊称。这是否与“钦法国”的名称有异曲同工之处呢?

南山大王

出处 《西游记》第八十五回至第八十六回

原形 艾叶花皮豹子

七十一

洞府 雾隐山折岳连环洞。

兵器 铁杵、五爪钢钩。

外貌

炳炳文斑多采艳，昂昂雄势甚抖擞。
坚牙出口如钢钻，利爪藏蹄似玉钩。
金眼圆睛禽兽怕，银须倒竖鬼神愁。
张狂哮吼施威猛，嗳雾喷风运智谋。

故事梗概

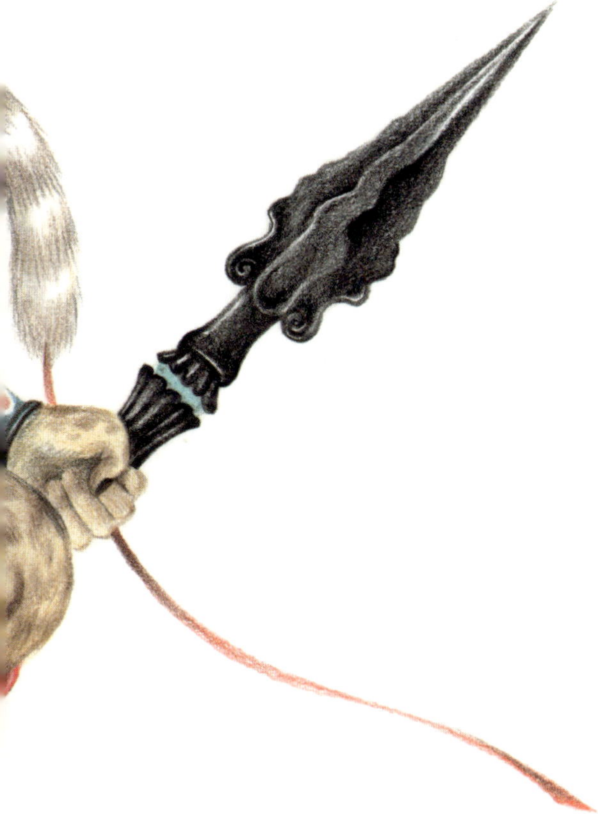

唐僧师徒离开了钦法国，便遇见一座高山。山上有一个妖王，乃花豹成精，自称南山大王，可以喷风吐雾，令行人迷失在山路之中，趁机害命食人。然而南山大王的武艺平平，甚至连猪八戒都打不过，只好带着手下的喽啰们败阵而回。洞府中正好有个从狮驼岭逃出来的小妖，向大王讲述了孙悟空有多么神通广大，洞中妖魔无不震悚。随即有另一个小妖献上一条“分瓣梅花计”，成功抓回了唐僧。

在抓住唐僧之后，南山大王不敢立即吃了唐僧肉。他心里忌惮孙悟空的武力，怕他挟怨报复，将整座山都掀翻推平，便想以假人头骗过悟空，等他们离去再安心地享用唐僧肉。可是孙行者并不买账，他带着八戒上门索战，要为唐僧报仇。南山大王战不过，逃回洞府，堵住洞门。孙悟空变作一条水蛇潜入妖洞，发现师父仍然活着，便用两只瞌睡虫迷倒了南山大王，救出唐僧，又用枯木干草塞住洞门，点起大火，将整洞妖魔一并烧死。

南山大王所称的“南山”二字，在传统文化中一般是指终南山，它与仙人、道法、皇权、寿命经常联系在一起，例如人们经常说的祝祷辞令“寿比南山”。正因为南山是一座具有文化意义的圣山，孙悟空才会对花豹精破口大骂，说他不知天高地厚，竟敢自称“南山大王”。

兵器

刀枪。

洞府

雾隐山折岳连环洞。

七十二 铁背苍狼怪

◎ 出处 《西游记》第八十五回至第八十六回

◎ 原形 狼

故事梗概

铁背苍狼怪原本只是南山大王手下的一个小妖，但他头脑敏捷，在所有妖怪都被狮驼岭三妖的惨败吓倒的时候，只有他站了出来，献上一个妙计，叫作“分瓣梅花计”。此计即令三个擅长变化的小妖装扮成南山大王的模样，分别引开唐僧的三个徒弟，让他们首尾不相顾，再由真正的南山大王亲自出手，于半空之中飞出五爪钢钩，将唐僧掳走。得胜归来之后，铁背苍狼怪立即被提拔为先锋官。

然而，孙悟空很快找到了南山大王的洞府，带着八戒打上门来。铁背苍狼怪又生一计，从洞窟中抛出一颗人头，假装唐僧已经被吃掉，骗过了三个徒弟。可是八戒等人埋了人头，又打破洞门，喊叫着要为师父报仇，南山大王只能率领部下迎战。可惜这些妖怪不是金箍棒和九齿钉耙的对手，小妖们死伤殆尽，只有南山大王一个借着雾气脱逃。至于铁背苍狼怪，他的“先锋”头衔戴上不过一天，就随着他的肉身烟消云散了。

犍陀罗国

题画狮子——金朝觐

山鸣谷应生长风，搏象易如搏鼠伎。
伏者不噬强者拒，称仁何独称麟趾。
只恐破壁吼一声，斯须奋发去千里。

犍陀罗国在《大唐西域记》中写作健驮逻国，东西长一千多里，南北长八百多里，东临印度河。

犍陀罗最初建国于公元前 4 世纪，并在一百年后就开始广泛信仰佛教，持续了七八百年的时间，诞生了许多佛教大师，同时也产生了独特的绘画、建筑、雕塑艺术。犍陀罗国曾是希腊文化、波斯文化、印度文化以及中国文化的交会点，因此其雕塑风格吸纳了希腊、罗马等不同地区的艺术风韵，并向东传播。

贵霜王朝时期，犍陀罗国的疆域非常广阔，横跨西亚、南亚以及中国新疆的部分地区，因其国力强盛，极大地促进了佛教文化的传播。到了玄奘经过的时候，当地虽然还保留了一千多座佛寺，却大多已荒废，十分萧条，说明当时佛教的辉煌时期已经过去。佛教以外的神庙有一百多座，持有不同信仰的信徒们杂居在此。

这时，犍陀罗国早已式微，疆域狭小，市井空荒，就连国王也绝了子嗣，沦为迦毕试国的臣属。但当地还保留着许多大型佛造像、佛塔与传说，被玄奘一一记录。

在《西游记》中，唐僧一行先进入凤仙郡境内，解决了当地三年大旱的灾难。凤仙郡被当地人称作“天竺外郡”，可见从此已经进入天竺国的地界。随后他们又到达了玉华县，据说这里的县长是天竺王的宗室，被封为玉华王，玉华县便是他的封地。

玉华王礼敬僧徒，不仅欣然在通关文牒上盖印，而且准备了素斋款待唐僧师徒。玉华王有三位王子，要和三位师兄弟比试武艺。王子们身为凡人，自然不是对手，但他们战败之后，心悦诚服之余更想拜悟空、八戒、沙僧为师，并按照他们的兵器样式打造自己的兵刃。然而金箍棒、九齿耙、降妖杖都是来历不凡的神仙法宝，放在铸铁场院中便有霞光冲天，引来了妖精的注意。

黄狮精

◎出处 《西游记》第八十八回至第九十回

◎原形 金毛狮子

七十三

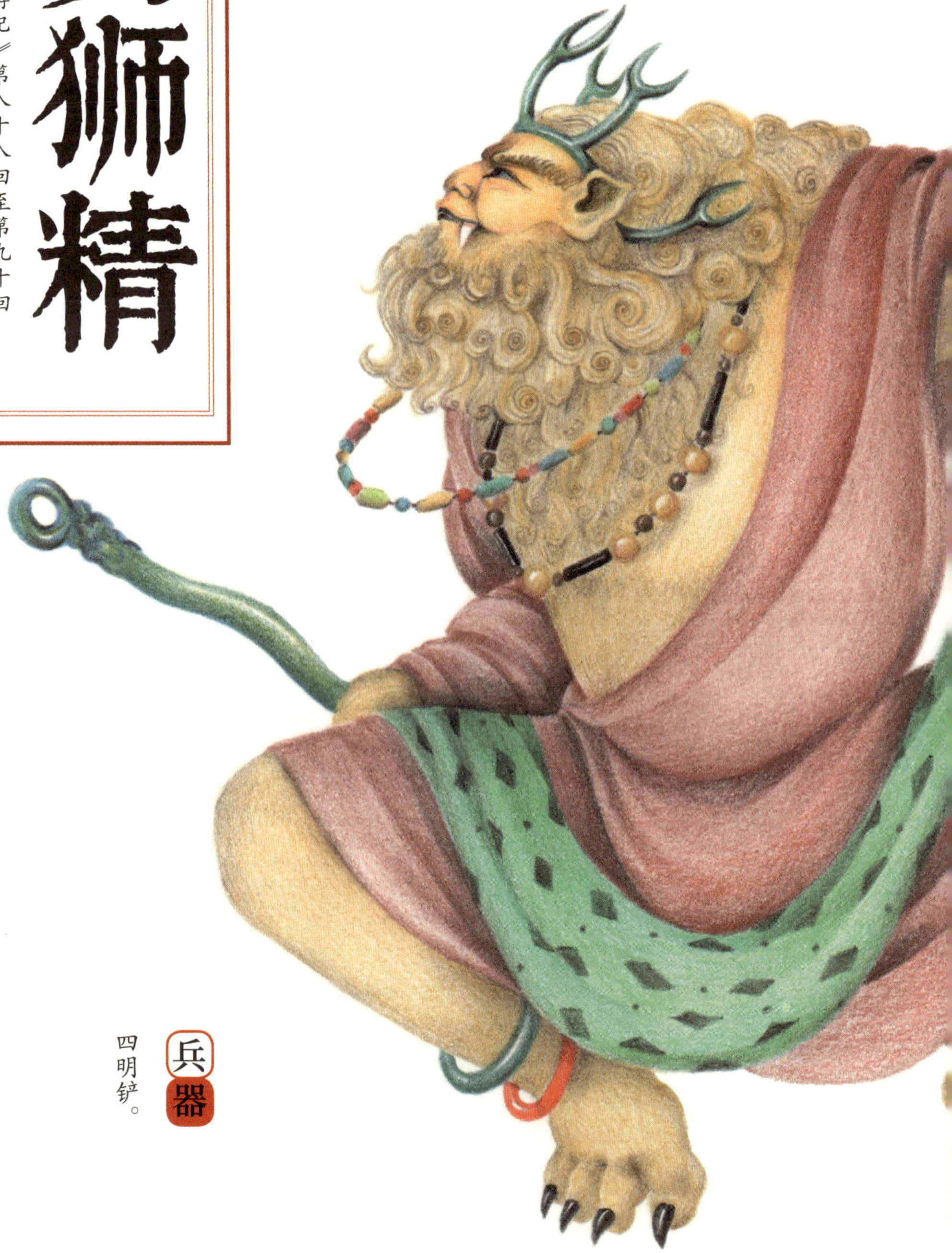

兵器 四明铲。

洞府 豹头山虎口洞。

故事梗概

黄狮精住在玉华县城外七十里的豹头山上，平日行事低调。据玉华王说，听闻豹头山上有一个虎口洞，其中有仙有虎狼还是有妖怪不得而知，只有些捕风捉影的传说，并不能一一考究。

可惜这一次，因为贪图三件神兵，黄狮精盗走了孙悟空师兄弟三人的武器，还要举办一个“钉耙会”，因此命令手下的两个狼妖出门去买猪羊。怎料孙悟空在半道截住了小妖，找来八戒变成狼妖的模样，让沙僧假扮卖猪羊的商贩，一起混入妖洞，果然找到了他们的兵器。

黄狮精只认得兵器放出的光芒，便将天蓬元帅的九齿钉耙视作天下奇珍，高高地供奉在一张桌案上，而金箍棒和降妖杖则靠在东西两头。八戒见了自己的武器，就忘了大师兄的计划，上前抄起钉耙便显出本相，对着满洞小妖大开杀戒。悟空和沙僧见状只能助战，将一众虎狼马鹿成精的小妖全都打死，可惜的是黄狮精脱身逃走，跑去搬救兵了。

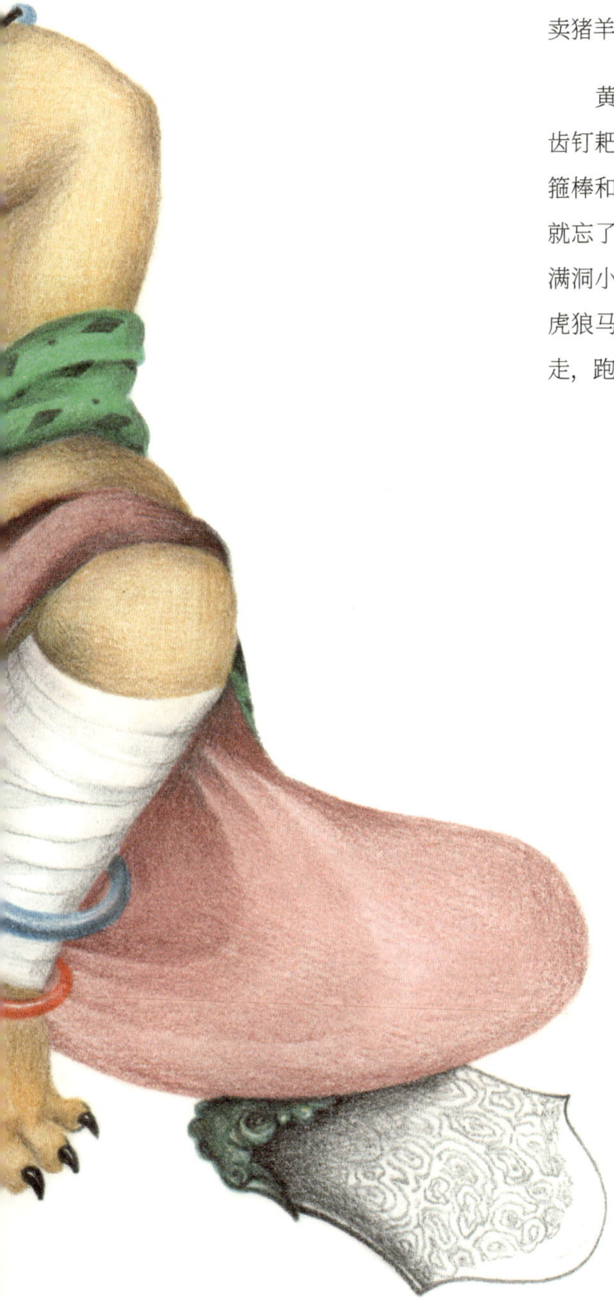

古怪刁钻

出处 《西游记》第八十九回至第九十回

原形 狼

七十四

刁钻古怪

七十五

出处　《西游记》第八十九回至第九十回

原形　狼

洞府　豹头山虎口洞。

故事梗概

刁钻古怪和古怪刁钻是黄狮精手下的小妖，道行短浅，虽有人的身体，可头颅还是显露出狼的模样。他们结伴下山，奉命去乾方集上买猪羊，好为洞府里举办“钉耙会”宴庆做准备。两只小妖一边走，一边大声聊天。采买东西是个美差，两人商量着要做个“花帐”，悄悄贪下二三两银子，给自己买酒和冬衣。

在《西游记》中，许多本地妖怪都显露出十足的“人性”，如肯花银钱采买东西的黄狮精，在看守佛塔时猜拳喝酒的奔波儿灞与灞波儿奔，还有这两个打算和商贩讨价还价，并且暗中吃回扣的刁钻古怪和古怪刁钻。可惜他们在下山的路上遇见了孙悟空，被他用定身法定住，抢走了二十两银子和两个粉漆腰牌，要代替他们的模样混入妖洞。

等到他们身上的定身法解除，两个小妖再次回到虎口洞前时，只见火光冲天，洞府已经被孙悟空一把火烧了个干干净净。他们忍不住跪在路边号啕大哭。黄狮精请来了九灵元圣，正好也回到了豹头山，刁钻古怪和古怪刁钻立即向大王禀告孙悟空替换他们的经过。黄狮精大骂孙悟空歹毒阴狠，把他的家当全都毁坏，算是结下了大仇。

洞府

豹头山虎口洞。

外貌

圆滴溜两只眼，如灯幌亮；
红刺嬐一头毛，似火飘光。
糟鼻子，猛狭口，獠牙尖利；
查耳朵，砍额头，青脸泡浮。
身穿一件浅黄衣，足踏一双莎蒲履。
雄雄纠纠若凶神，急急忙忙如恶鬼。
那怪左胁下挟着一个彩漆的请书匣儿。

青脸儿

七十六

出处 《西游记》第八十九回至第九十回

原形 狮子

故事梗概

就在悟空和八戒变作刁钻古怪与古怪刁钻，带着变作商贩、赶着猪羊的沙僧前往黄狮精的洞府时，路途中遇见了一个抱着请帖匣子的青脸小妖。孙悟空好奇参加钉耙会的客人，便和青脸儿套近乎，求他展示展示请帖。青脸儿只当孙悟空是自己人，就把请帖取出来让他看，上面邀请的是“祖翁九灵元圣”，落款是“门下孙黄狮”，孙悟空由此得知黄狮精还有一个靠山。

后来黄狮精的洞府被烧毁，黄狮也逃到了祖翁九灵元圣的住处。九灵元圣为了给子孙报仇，便摆开阵仗，包围玉华县，要与孙悟空等人正面交锋。青脸儿也就带着古怪刁钻与刁钻古怪负责下战帖、举宝幢，并为己方战将摇旗呐喊。九灵元圣的确神通广大，用他的九个头颅叼走了唐僧师徒、玉华王以及三位王子。但他忘记了孙悟空能施展遁法，只让青脸儿他们三只小妖看管悟空，让悟空有了脱身的机会。到了夜晚，九灵元圣睡着之后，孙悟空挣脱捆绑，取出金箍棒，直接将青脸儿、古怪刁钻、刁钻古怪三个碾成了三块肉饼，随后打破洞门，逃出生天。

洞府

竹节山九曲盘桓洞。

七十七 九灵元圣

出处 《西游记》第八十九回至第九十回

原形 九头狮子

故事梗概

黄狮精战败之后，逃往竹节山九曲盘桓洞，跪倒在九灵元圣面前，哭诉三个和尚闯入自己的洞府，夺去三件神兵，还打死了一众小妖。

九灵元圣本是太乙救苦天尊座下的神兽，原形是一只九头狮子，在图画中以小儿面孔呈现，代表着喜怒哀乐等不同情绪。他对唐僧一行十分了解，立即明白黄狮精说的是孙悟空、猪八戒与沙和尚。他先是埋怨了黄狮精几句，说他何必去惹那大闹天宫的刺头，但既然欺负了自家的徒孙，九灵元圣点齐手下将领，大张旗鼓就要去替徒孙出气。

九灵元圣座下聚集了许多妖众，大小首领清一色都是狮子成精，有猱狮、雪狮、白泽狮、狻猊狮、抟象狮、伏狸狮，其中白泽与狻猊都化用了神兽的名字。例如狻猊属于龙生九子之一，形如狮子，喜好烟火，所以常常被装饰在香炉上。而白泽本来是一只独角羊的形象，传说它出现在东海边，知道天下间所有的精怪种类。随着时光流逝，白泽的形象渐趋于凶猛的狮、虎一类，慢慢被人们当作狮子的同类。

在中国的传统文化中，狮子本身就是奇异、祥瑞的动物。在古代，中国境内并没有狮子这一物种，约在东汉时期，狮子经由安息国进贡到了洛阳，引起了不小的轰动。因为狮子一开口，百兽噤声，可谓当之无愧的兽中之王。

东汉正是佛教传入中国之时，而狮子与佛教的关联也十分密切。佛教中将讲经传道的法音比喻成狮子吼，以彰显其震慑群魔、洗涤心灵的作用。由此，狮子成为庄严神圣的护教神兽。自东汉开始，就有雕刻狮子形象用来镇邪驱魔的习俗。我们现在看到的门前摆的石狮子，就是从那时流传演化而来的。

在《西游记》的故事里，连孙悟空也不是九灵元圣的对手。他只好一个跟斗翻到东极妙岩宫，找到九灵元圣的主人——太乙救苦天尊，这才成功收服了九灵元圣。

猱狮

七十八

出处 《西游记》第八十九回至第九十回

原形 长毛狮子

兵器 铁蒺藜。

洞府 竹节山九曲盘桓洞。

故事梗概

“猱”原指一种灵巧敏捷的猴子，擅长爬树，趾爪长而锋利。《寓林折枝》中记载，这种猴子会在老虎头皮发痒时替它挠痒，把它的脑袋挠出一个窟窿，并悄悄蚕食它的脑髓。老虎只觉得畅快，并没发觉，甚至被猱喂食了自己的脑浆，还认为猱无比忠诚。等到老虎的脑袋被吃空，察觉到疼痛，想要寻找猱的踪迹时，猱早已隐匿到树木高处。

由于猱类似于金丝猴、猕猴一类的长毛猿类，还有一种卷毛小狗被称为猱狮狗，因此猱狮应当也是长毛蜷曲、身姿矫健迅猛的模样。

猱狮精手中抡着一根铁蒺藜。蒺藜原本是一种植物，由于它与战争中使用的尖刺状障碍物外形相似，二者便共用了名字。铁蒺藜在春秋战国时期已经出现，一般是撒在地上，可以有效阻隔或伤害敌军的骑兵和步兵，是一种有力的防御工具。后来也有人把它们穿在绳上使用，为其增加了攻击能力。猱狮手中的铁蒺藜便是这样带刺的绳索，杀伤力很大。

兵器

三楞简。

洞府

竹节山九曲盘桓洞。

七十九 雪狮

出处 《西游记》第八十九回至第九十回

原形 白狮子

故事梗概

从名字可以看出，雪狮与黄狮精一样，都以毛色为主要特征。在自然界中，的确存在雪白的狮子，就外形看来，雪狮更像是适应寒冷环境的动物，毛发厚而蓬松，看上去十分保暖。

雪狮精的兵器是一柄“三楞简”。简即锏，是一种冷兵器，一般有四棱，呈竹节状，看似较钝，不以其锋利伤人，而是凭借重量予对手以致命一击。人们常说的“撒手锏”指的就是这种兵器，因为它体量不大，却又重又钝，马战时能在敌人近身追赶的情况下，出其不意地回身反击，扭转战局的胜败。

而雪狮精手中的三楞简突破了常规的四棱锏，应当更为小巧。锏毕竟是一种短兵器，只适合近身缠斗。所谓“一寸短一寸险”，体量的减小或许使其杀伤力降低，但增加了灵活度，令雪狮能够与猱狮相互配合，在和猪八戒打斗时占据上风。最终，雪狮一锏打在八戒的脊梁上，令他脱力伏地，直接弃战而降，被两头狮子拖回了妖洞。

伏狸

◎出处 《西游记》第八十九回至第九十回

◎原形 狮子

八十

故事梗概

伏狸狮手执一柄斧钺，与其他六狮配合默契，将孙悟空三个师兄弟围在中央。黄狮、雪狮、猱狮围攻八戒，狻猊、白泽、伏狸、抟象四个拖住悟空与沙僧。原文中有一段诗句形容这场战斗：“棍锤枪斧三楞简，蒺藜骨朵四明铲。七狮七器甚锋芒，围战三僧齐呐喊。大圣金箍铁棒凶，沙僧宝杖人间罕。八戒颠风骋势雄，钉耙幌亮光华惨。前遮后挡各施功，左架右迎都勇敢。城头王子助威风，擂鼓筛锣齐壮胆，投来抢去弄神通，杀得昏蒙天地反！”

八戒最终被雪狮和猱狮擒拿，而沙僧和悟空也在打斗中败下阵来。幸好孙行者有一身毫毛，可以变出无数分身，反而包围了一众妖怪，还抓走了狻猊和白泽两头狮精。

伏狸狮并不是一个狮子品种，而是演化自数种传说。据传，有一种外形近似狮子，但体形较小的动物，看上去温驯而安静，轻易并不发声，却能震慑世上最凶猛的豺狼虎豹。《海内十洲记》中曾有记载，西胡月支国进贡了一只“猛兽”。汉武帝询问使者，如此一个形如幼犬的小兽如何能称得上“猛兽”？谁知这小兽开口吼叫一声，如同天上惊雷滚过，牛羊马匹惊得挣断了缰绳，虎豹一类的猛兽也蜷缩在地，瑟瑟发抖。因为它的一声吼叫可以制服猛兽，后来人们就把它称为“伏狮”，慢慢又转变成了“伏狸”。

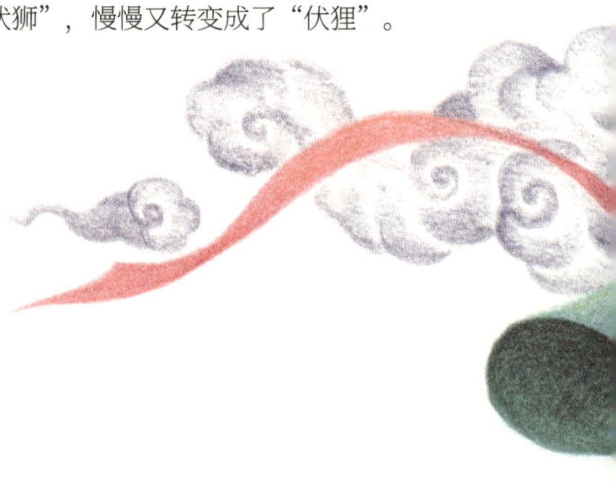

洞府

竹节山九曲盘桓洞。

兵器

斧钺。

兵器

钢枪。

洞府

竹节山九曲盘桓洞。

抟象

八十一

◎出处 《西游记》第八十九回至第九十回

◎原形 狮子

故事梗概

到了第二天，余下的五头狮精又来索战。趁着孙悟空、沙僧与他们酣战之际，九灵元圣驾着黑云，径自来到玉华县城楼，摆开九颗脑袋，噙着唐僧、玉华王以及三位王子，轻轻松松回转竹节山九曲盘桓洞。

剩下的狮精们却陷入了危难。孙悟空拔下手臂上的毫毛，放到口中嚼碎后喷出，变化成千千万万个小悟空，一拥而上，立即拖倒猱狮，活捉雪狮，掀翻伏狸，擒拿抟象，最可怜的是黄狮精，被一连串攻击直接打死。为了换回师父和玉华王，孙悟空没有立即杀死这些妖怪，而是孤身一人前往妖洞查探。

抟象狮的兵器是一柄钢枪。枪是战场上的利器，使用灵活，兼具攻击与防御之效，被称为“百兵之王”。而抟象狮这个名字，从文字含义上看，“抟”有摆弄之意，“抟象”或许指一种能够战胜大象的狮子。

曲女城

憨山师自岭南寄楞伽新疏并书赋答凡三首时大——雪山法师

曲女城头沸若澜，尘丝撩乱欲齐难。
精神内敛摇双笔，儒墨中央掉一丸。
辨马雄心从古夜，证龟狂胆自今寒。
嗟嗟侯白衔枚去，赤帜凭师扬宝坛。

曲女城是羯若鞠阇国的都城，位于中印度境内，国界长四千多里。当时在位的国王喜增是先王的弟弟，因为先王被东印度的羯罗拿苏伐剌那国的赏伽王杀害，于是文武百官共同拥立王弟登位。喜增继位之后，只称自己为王子，号为“尸罗阿迭多”，汉译即“戒日”。他为兄报仇，攻下邻国，并挥师东征西讨，征服了五印度国，平定天下。

天下既已平定，戒日王便偃武修文，命令境内不得杀生，所有臣民一律禁止肉食，有圣迹之处皆兴建寺庙，一年之中逢三逢七之日要供养所有僧人，每五年举行一次无遮大会，府库所存的积蓄都用来布施众生。

玄奘曾在羯朱嗢祇逻国会见戒日王，随后他们返回曲女城参与法会。这场法会极其盛大，有二十多个国家的国王带领着杰出的僧侣及官员、婆罗门、将士等前来参会。戒日王穿上帝释的服装，亲自为金佛像执华盖，两边各有五百象兵护卫，还有奏乐的人也骑着大象，众人一边行进，一边抛撒鲜花与金银珠宝。为佛像沐浴之后，戒日王召集各大学派的僧人研讨佛法，商榷微言，探讨至理。

在《西游记》中，天竺的金平府境内有一座慈云寺，寺中住持告诉前来投宿的唐僧一行，马上就到上元节，城中将举行灯会。唐僧本着礼佛之心，为慈云寺扫塔，扫完塔正值点灯时节，便欣然答应与徒弟们进城看看金灯。原来城中设立了一座金灯桥，桥上放着水缸一般大的三盏金灯，内里灌满了香油。城中人相信，灯里的油干了，便是佛祖收到了人们的祝祷，来年一定五谷丰登。谁能想到，取走香油的并不是佛祖，而是三个妖怪。

当然，古印度的居民应当不会庆祝上元节，但点灯礼佛确实是相通的，曲女城中的大法会与金平府的上元节实有异曲同工之处。

辟寒大王

八十二

◎出处 《西游记》第九十一回至第九十二回

◎原形 犀牛

故事梗概

唐僧听了金灯桥的传说，误以为真有佛影现身，收取灯油，于是跑上桥顶，倒头下拜。岂料那是一群犀牛精假借佛祖的名义，享用凡人供奉的香油。他们见到唐僧，便召来一阵妖风，将他掳走。

孙悟空紧随妖风追踪到了一座高山，经由四值功曹的指引，找到了三只犀牛精的妖洞。原来在青龙山玄英洞中，有三个犀牛妖王，分别叫作辟寒大王、辟暑大王和辟尘大王。他们喜好苏合香油，于是每年变化为佛影，从金平府的百姓手中骗取香油。今年见到唐僧，认出是个得道高僧之身，便欲抓走享用，其实并不知道这就是那个能使妖怪长生不老的“十世圣僧”。

在听了唐僧讲述自己及三位徒弟的来历之后，犀牛精们非但不害怕齐天大圣的威名，反而十分高兴，要将三个徒弟都抓来，连带着师父一起吃。

洞府

青龙山玄英洞。

兵器

斧钺。

外貌

彩面环睛，二角峥嵘。
尖尖四只耳，灵窍闪光明。
一体花纹如彩画，满身锦绣若蜚英。
头顶狐裘花帽暖，一脸昂毛热气腾。

辟暑大王

八十三

出处 《西游记》第九十一回至第九十二回

原形 犀牛

故事梗概

辟暑大王手持大刀，与辟寒大王、辟尘大王相互配合，将孙悟空围在中央，多种兵器交击，有来有往，竟让孙悟空也败下阵来。悟空心知缠斗无果，便悄悄脱身，到了晚上，变成一只萤火虫，飞进妖洞，解救了唐僧。然而三只犀牛精及时醒来，满洞小妖涌来阻挡，最终唐僧也未能脱离魔窟，孙悟空只好孤身一人飞到天宫求援。

据太白金星所说，辟寒、辟暑、辟尘都是犀牛修炼成精，依照其角的贵气得名，虽然本事不小，但见到四木禽星就会拜伏在地。四木禽星就是二十八星宿中属木的四位星君奎木狼、斗木獬、井木犴、角木蛟。所谓“禽星”之“禽”，便是将动物与星宿相对应，这来自古代的一种推演术法，叫作“演禽法”。而四木禽星之所以能够克制犀牛精，源自五行生灭的法则。在《西游记》中，犀牛精洞府里还有山牛、黄牛、水牛等小妖。在古人眼中，它们都属于同一类动物——牛，而我们熟悉的十二生肖与十二地支相配合，牛为“丑牛”，属坤，属土，而五行中木克制土，因此属木的星君便专克犀牛。

外貌

身挂轻纱飞烈焰，四蹄花莹玉玲玲。

洞府

青龙山玄英洞。

兵器

大刀。

兵器

扢挞藤。

辟尘大王

八十四

出处 《西游记》第九十一回至第九十二回

原形 犀牛

洞府

青龙山玄英洞。

外貌

威雄声吼如雷振，獠牙尖利赛银针。

故事梗概

三头犀牛虽是野兽成精，但身处天竺境内，衣着也受到节日的影响，显得鲜艳多彩。

辟尘大王肩上横担一根藤棍，上面满是疙瘩，可见这藤棍虽然简陋，但质地坚硬，不输神兵利器。

即便他们武艺不在齐天大圣之下，也无法抵抗天敌的威力。四位属木的星君一现身，三个犀牛大王顿时四脚打战，丢下兵器，也维持不住人形，变回兽身，向东北方奔逃。奎木狼、斗木獬在云端追赶，角木蛟、井木犴则从水路追击。

三位大王分开水路，逃进西海，被巡海夜叉发现，报告给西海龙王知晓。龙王随即唤来太子摩昂，带领水族精兵前往助阵，将辟尘大王和辟暑大王团团围住，扳倒在地，用铁钩子穿了鼻，又将蹄子捆在一起，送给孙悟空发落。辟寒大王的下场更为凄惨，被井木犴现出的本相按住，生生咬断了头颅。

随后，悟空等人带着犀牛精回到金平府。百姓从此不再受香油靡费之苦，也不会再有妖怪假扮佛影，榨取民众的朝拜与供奉。

舍卫国

游智者寺——鲜于枢

四围松是祇园树，三面山开舍卫城。
游子心随仙境化，老禅诗似石泉清。
几人邂逅有今日，半载趑趄成此行。
安得尽抛身外事，长年来此学无生。

《西游记》中玉兔精出现的国度名为舍卫国，这个名字在《大唐西域记》中确有对应，梵语名为室罗伐悉底国。

此国国境长六千多里，可是都城荒凉倾颓，边界也不修治，虽然仍有人烟，能够耕种田地，但宫城的故基大部分已经坍塌，整个国度显得极其荒芜。从前世尊在世的时候，曾在舍卫国居留二十五年之久，当时在位的胜军王下令建造了许多佛寺、精舍、佛塔以及大法堂，当时的人们推崇佛法，留下了许多圣迹与传说。但在玄奘经过的时候，舍卫国已经荒废了几百年，寺庙坍颓，僧徒稀少，学的是正量部派，而其他类别的神庙有上百所，信徒甚众。

在国都城南五六里的地方，有一个逝多林给孤独园，传说这是胜军王的臣子——善施长者建造的一座精舍。当他发愿给世尊建造精舍时，舍利子跟随他察看方位，看中了一处地势高爽的园林，园林属于逝多太子。太子听了他们的请求，便开玩笑道：“除非用金钱布满地面，我才肯把园林卖给你们。”

善施长者听后，毫不在意，将所有积蓄都取来，铺在地上，只剩下最后一小块地不曾铺满。这时太子请他住手，表示愿意把园地卖给善施，并将树林以自己的名义施舍，最终造就了逝多林给孤独园。这便是《西游记》中“布金禅寺”的来历。

唐僧等人在布金寺中留宿，忽然听见一个女子的哭声。住持说，那是一个被风刮来的美貌姑娘，自称是天竺国的公主，可是住持进城打探，听说公主仍在宫中，丝毫未损。无奈之下，住持只好将那位姑娘锁在一间空房中，留下一个递碗的小孔。如今见有大唐圣僧到来，住持便向唐僧求助，请他查明这位姑娘的身份，早日送她回去。

洞府

毛颖山兔穴。

兵器

药杵。

外貌

缺唇尖齿，长耳稀须。团身一块毛如玉，展足千山蹄若飞。直鼻垂酥，果赛霜华填粉腻；双睛红映，犹欺雪上点胭脂。伏在地，白穰穰一堆素练；伸开腰，白铎铎一架银丝。几番家，吸残清露瑶天晓，捣药长生玉杵奇。

天竺公主

八十五

◎出处 《西游记》第九十三回至第九十五回

◎原形 玉兔

故事梗概

唐僧一行到达舍卫国中，正走在街道上，忽然被一个绣球砸中，原来当天正是天竺公主抛绣球选婿的日子，而唐僧就此被选为驸马。当然，布金寺内的姑娘既是天竺公主，那么抛绣球的公主自然是假的。只因这位公主的前世是月宫中的素娥仙子，与玉兔有一掌之仇，后来素娥仙子下界投胎为天竺公主，玉兔便偷偷离开月宫，下凡报仇。

然而，在报仇之外，玉兔也看中了唐僧的十世修为。她事先用妖风卷走公主，丢在布金寺，自己则变化成公主的模样，招赘唐僧为驸马。她心知唐僧的徒弟厉害，便故意装作害怕，不肯与他们见面，只由国王出面为三个徒弟送行。孙悟空让唐僧假意答应，自己变成一只蜜蜂躲在唐僧耳边，一见到公主，立即认出这是妖邪冒充，现出本相便要打。假公主便解了衣服，摇落首饰，从御花园土地庙里掏出一根药杵，精赤着身子，与悟空在半空打斗。由此可见，玉兔本相未必是个女子，也有可能是只雄兔。

玉兔精不是孙悟空的对手，逃往南方的毛颖山，化作一道金光，钻进洞穴之中。孙悟空询问土地神，可他只知道山上有三个兔穴，并不知道有什么妖怪。“毛颖山”包含了一个典故，唐代文人韩愈曾写下《毛颖传》，说的是用兔毛制成的毛笔，因此“毛颖”成了兔子的别名，而三个兔穴显然化用了“狡兔三窟”这个成语。

后来孙悟空终于从洞口的巨石下找到了玉兔精，却听见天上有人喊“棍下留情”，抬头只见太阴星君带着姮娥仙子乘彩云而来，请求他留下玉兔的性命，让她们将玉兔带回广寒宫。待太阴星君收服了玉兔，孙悟空便回到天竺国国王面前，告知他真正的公主身在布金寺中。

耕雲

BE YOURSELF
IN
A WORLD